人生で一番大切なのに誰も教えてくれない

幸せになる技術

上阪徹

はじめに

「成功」すれば幸せになれるのか？

勤務していた会社が倒産したのは28歳の初夏のことである。転職してわずか3カ月。私は突然、失業者になった。しかも私にとって2度目の転職、異業種への挑戦だった。意を決して飛び込もうとした新しい人生は、あっけなく幕を閉じてしまった。

20代は何もかもうまくいかなかった。いつも焦っていた。就職では希望の会社に行けず、転職するも納得の日々が送れず、再転職したら倒産。「失業なんて大した挫折ではない」と言われたこともある。そんなものは苦労のうちには入らない、と。しかし、突然失業者になった人間の気持ちは、同じ状況を味わった人間にしかわからない。

大人が当たり前のように動き出す朝、自分は何もすることがない。出かける理由もない。その寂しさは想像をはるかに超えていた。何よりも辛かったのは、**「もしかして自分は誰からも必要とされていないのではないか」**という猛烈な社会からの疎外感だった。街を歩いていると「あの人は失業者だよ」と囁《ささや》かれている気さえした。

前職の寮を出るにあたり、ちょっと背伸びをして借りた東京・目白のマンションの最上階には少し広いベランダがついていた。その年の夏は暑かった。エアコンもつけず窓を開け、ベランダの向こうに広がる空をぼんやり見上げていたのを覚えている。

当時の私には何もなかった。貯金も底をつきかけていた。再就職する意欲すら湧いて来なかった。未来はほとんど恐怖でしかなかった。ただ、もしも今の私が当時の自分に声をかけるならこう言うだろう。

「大丈夫。想像もしていなかった未来が待っているよ」

実際、当時の私にはまったく想像もつかないような未来が待ち構えていた。この本は私の37冊目の著書になるが、将来、自分の本を出すなんて、夢にも思っていなかった。

文章を書く仕事でフリーランスになって25年。私は日々、日本を代表する企業の経営者やタレント、科学者、俳優、作家、映画監督などに取材をし、記事を書いたり、書籍を作ったりしている。講演の依頼を受けることもある。自分なりに培《つちか》ってきたスキルを多くの人に活用してもらうための塾も開き、卒塾生はすでに150名を超えた。

おそらく同年代の2倍、3倍もの収入をずっと続けることができた。結婚し、子どもも生まれ、大好きな場所に毎年のように旅行に行っている。欲しいものが次々に手に入り、心から住みたいと思う家に住めた。正直、あまりの幸運さに驚くばかりの自分がいる。

ただ、**もし今のような結果を手に入れていなかったとしても、私は幸せでいられる自信がある。3000人もの人たちに取材をする過程で、その「技術」を学んだからである。**

「あなたは、なぜうまくいったのですか？」

失業した後、私はなし崩し的に、なるつもりもなかったフリーランスの道へと踏み出すことになった。前職はリクルートのグループ会社でのコピーライター。まずは同じ仕事を手がけ始めるのだが、仕事はやがて雑誌の記事や書籍へとつながっていく。これは自分ではまったく想定していないことだった。

コピーライターとして華やかな実績はなかったが、しゃべりは得意だった。やがて経営者や著名人のインタビュアーとして駆り出されるようになり、記事や書籍の書き手として、ありがたいことに評価をいただくようになった。

私が書いたインタビュー記事を見て、こんなことをときどき言われた。

「どうして上阪さんのインタビューでは、あの人があんなことを言ったんでしょうか。他の記事では見たことがない話なんです」

どうしてそうなったのか、その理由に私は自分で気づいていた。幸いなことに、仕事や人生をテーマにインタビューに行くことが少なくなかったのだが、そのとき私は完全に仕事を忘れて話を聞いていたからである。

なぜこの人は著名人たり得ているのか。どうして成功を手に入れたのか。なぜ仕事がうまくいったのか……。もっと言えば「私の20代と何が違ったのか」である。もとより私自身が、どうすれば成功できるのか、どうすればうまく仕事ができるのか、どうすれば人生がうまくいくのか、猛烈に知りたかった。だから仕事そっちのけでインタビューをしたのである。ただ仕事で話を聞きに来ているのと、身を乗り出して真顔で本気でインタビューに臨むのと、さて取材相手はどう感じるか。

実際、最初は「まぁ、いつものメディアインタビューだろう」くらいにのんびり構えていた著名な人が、取材の途中でどんどんどんどん真剣になり、顔を紅潮させ、最後は身を乗り出して質問に答えてくれるようなことが何度もあった。

挨拶では名刺をもらえなかったのに、取材が終わってから名刺を差し出されたこともある。「本当に知りたい」「どうしても知りたい」「なんとしてでも知りたい」という思いは、ちゃんと相手に通じるのだ。そのくらいの思いで私は仕事に向かっていた。だから原稿もしかるべき評価を得られたのだと思う。

ときには、**「どうしたら成功できますか?」「どうしたらお金持ちになれますか?」「どうしたら人生がうまくいきますか?」**とストレートに質問した。そんな取材者はいなかったのだろう。苦笑いしながら答えてもらったことが何度もある。

幸せは、空から降ってはこない

やがて取材相手は、どんどん社会的地位の高い、稀少な人たちへと変わっていった。その数は3000人を超えた。そして少しずつ、少しずつ、私は**人生がうまくいくこと、その本質のなんたるか**に気づいていく。

フリーランスになって25年。ありがたいことに、環境が大きく変化していく中で、四半世紀にわたり、書き手として忙しい日々を送ってくることができた。周囲から私はよく「いつも楽しそうだ」「悩みなんてないでしょ」「幸せそう」「仕事もプライベートも充実していますね」などと言われる。それは、こうして取材で得た著名な方々からの教えが極めて大きい。

うまくいっている人たちの話は深かった。振り返れば、当初は表面的な理解しかできなかったことも多々あった。それでも、だんだんと私なりに「うまくいくための考え方」が整理されていったように思う。

そのひとつ、まず言語化できたのがこれだ。

永遠に幸せになれない人がいる。

いろいろな話をたくさんの人に聞いていく中で、私はひとつの結論を導き出す。

それは、こういうことだ。

「幸せは自分で決める」

当たり前だが、「あなたは幸せです」と誰かが宣告してくれるわけではない。「あ、これは自分は幸せだぞ」と自分で決めないと、永遠に幸せにはなれないのである。幸せは、空から降ってくるわけではない。

ところが、多くの人が、誰かが作った「青い鳥のようなもの」を追いかけ、待ち続けている。これでは永遠に幸せになれない。

そしてもうひとつ、次第にわかっていったのが、これだ。

目指すべきは、成功でもお金持ちでもない。幸せになることである。

多くの人が、幸せになるために成功やお金持ちを目指している。そんな印象が強くある。だが、問題は「成功やお金を手に入れなければ幸せになれないのか」である。

実際には、成功もお金もあるわけではないのに、幸せな人たちがたくさんいた。一方で、社会的な成功を手にしているのにまったく幸せそうじゃない人もいた。

幸せになるには「技術」がいるのだ。成功しても幸せになれるとは限らない。また、実は幸せなのに、そこに気づけていない人がたくさんいる。

20代で就職に失敗、転職もうまくいかず、再転職では会社が倒産し、失業の憂き目に遭っていた人間に、いったい何が起きたのか。本書はそれを明らかにする一冊である。いつか、このテーマで本を書かなければいけないと思ってきた。

多くの人に知ってもらいたいことがある。

もくじ

第2章　幸せな人が「やりたいこと」を仕事にしない理由

第3章 幸せな人がお金に興味を示さない理由

第4章 幸せな人がいつも機嫌が良い理由

第5章 幸せな人が「ありがとう」を口癖にする理由

ブックデザイン　櫻井浩(⑥Design)
校正　鷗来堂

第１章

幸せな人が成功を目指さない理由

「成功の呪縛」から逃れるために大切なこと

幸せな人は、
「成功」を目指さない

フリーランスになって数年経った頃、大きな気づきになった取材がある。

あるとき2日連続で取材が入っていた。1件目は、岩手での取材だった。

当時、私は独立を支援する情報誌の仕事をたくさんさせてもらっていた。有名起業家から街の小さな飲食店まで、独立した人たちをたくさん取材していたのだ。そのひとつがこの岩手での取材だった。

30代の男性は、会社を辞めてアクセサリーの彫金をする仕事で独立していた。仕事場は、かなり古い町工場の奥にある小さな一室。お金がないのでオフィスを借りられず、知り合いの町工場の人に頼み込んだという。

それにしても、ボロボロの仕事場だった。天井からは裸電球が垂れ下がり、壁紙はあちこちはがれ、傷だらけの木のテーブルの上には彫金のためのさまざまな道具が並べられていた。それでも、本人はまったく気にしていない様子だった。

この取材に限らず、会社を辞めて独立をした人たちは誰もがなんとも晴れやかな顔をしていた。今でこそ独立や転職は珍しくないが、20年前、それこそ名の通った会社を辞めるのはなかなか勇気のいることだった。それを果たした人たちならではの覚悟が感じられた。

社長（というか個人事業主だったが）は、とにかくよくしゃべった。「自分がいかに彫金が好きなのか」「納品して喜んでもらえることがいかにうれしいか」「毎日がいかに充実しているか」、目をキラキラさせながら語ってくれた。**自分の仕事を誇りに思い、楽しく生きている人の姿がそこにあった。**

だが、事業として大きく利益を出していくことは簡単ではないようだった。収入は会社員時代（たしか銀行だった）のほうがずっと良かったという。社会的な地位があるわけでもない。誰もが憧れるような存在か、といえば違うだろう。オフィスもボロボロ。成功者、という言葉はまったく似つかわしくない。

ただ、彼は「岩手で食べていければ十分」と語っていた。そして何より、幸せそうだった。取材後、「おいしいところがあるんです」と、わざわざ車でジャージャー麺の店に連れていってくれたことを覚えている。とてもおいしかった。

死んだ魚の目をしていたエリート部長

新幹線で東京に戻った翌日の朝、私はもう一件の取材で丸の内に向かった。誰でも知っている大きな会社の部長へのインタビューが入っていたのである。私はここで大きなショックを受ける。

まず挨拶からして、なんとも慇懃《いんぎん》無礼《ぶれい》だった。名刺を渡すと、侮蔑《ぶべつ》的な表情が浮かんでいた。ときどき、こういう人がいる。肩書きですべてを判断するのだと思う。エリート会社員にしてみれば、「フリーのライターなど自分たちとは関わりのない職業」ということなのだろう。メディアの担当者と行くときには、「どうせ外部の業者だ」と挨拶もしてもらえないことがある。

それよりも、このときショックだったのは、部長があまりにつまらなそうだったことだ。質問をしても「糠《ぬか》に釘」とも言うべきか、まるで手応えがない。しかも、戻ってくる話は当たり前の内容ばかりでちっとも面白くない。言葉も進まない。

何より、目が淀《よど》んでいた。言い方は悪いかもしれないが、死んだ魚のような目をしていた。**自分の仕事をまったく楽しんでいないのは明らかだった。**まったく幸せそうじゃなかったのである。

社会的に見れば、この人はスーパーエリートだろう。「ああ、あの会社の部長さんですか！」と周囲は反応するはずだ。誰に聞いても社会的には「成功者」の部類に入るのではないか。一流の大学も出ているだろう。

前日の岩手の取材と、戻ってからの大企業の取材。このはっきりとしたコントラストは、私を混乱させた。

世の中では誰もが「成功」を望み、いろいろ頑張っているのではないか。そのために多くの子どもたちが勉強だって頑張っているのではないか。そこにゴールがあると思って努力をしているのではないか。

しかし、どう考えても、岩手の社長のほうが幸せそうだった。世間的に言われる「成功者」ではないのに、圧倒的に幸せそうだったのである。

私の中に浮かんだのは、**「もしかして社会的な成功と幸福には相関関係はないのではないか」**という素朴な仮説だった。

ここから、私の長い検証の旅が始まる。**社会的な成功を目指していても、幸せになれるとは限らないのではないか**、という疑問への検証だ。

多くの人が、社会的な成功を目指して頑張っている。なのに、それは幸せを保証しない。幸せが手に入らない成功とは、いったい何なのか。もしかすると目指すべきは、成功ではなく幸せではないか。しかし、そんなことは誰も言ってくれない……。

やはり誰も教えていないのだ、ということを確信する出来事があった。

2010年に刊行した著書『書いて生きていく　プロ文章論』(ミシマ社)を読んでくださっていた高校の先生から連絡をいただき、高校で特別授業をする機会があったのだ。

工業高校だったこともあり、私は自分の思いを生徒たちにぶつけてみた。「勉強ができて、エリートになるだけが人生じゃないぞ」ということも伝えたかった。

難しい年頃だけに、その場では手応えはよくわからなかったが、後日、先生からお礼の手紙とともに私の授業への高校生たちの感想文が送られてきた。そこに、男子生徒が手書きの不器用な文字で、こう書いていたのである。

「人生で大切なのは成功することよりも幸せになること。すごい衝撃だったです」

今でも、私の宝物のひとつになっている。

幸せになる技術 ①

社会的な成功ではなく、自分の幸せを追求する

幸せな人は、
世間の「正解」に惑わされない

日本は世界第3位の経済大国。モノも店も溢《あふ》れている。極めて豊かな国であることは間違いない。だが、日本人の幸福度は残念ながら高いとは言えないようである。

国連の関連団体が発表している「世界幸福度ランキング」がある。

2019年は世界156カ国を対象に調査が行われたが、日本は58位だった。過去5年の推移を見ても、46位、53位、51位、54位ときて、今年はさらに順位を落とした。

この手のランキング指標は調査の仕方や項目、また国民の意識や文化の違いが影響すると言われるが、それにしても低い。

また、日本は自己肯定感が低いのも大きな特色だ。特に子どもたちが低い。かつて書籍『「カタリバ」という授業』（英治出版）を作ったとき、この事実を知った。

日本、アメリカ、イギリス、ドイツ、フランス、スウェーデン、韓国の7カ国の満13〜29歳の若者を対象に平成25年に行われた調査では、「自分自身に満足している」の割合はアメリカが86％、イギリス83・1％、ドイツ80・9％、フランス82・7％、スウェーデン74・4％、韓国71・5％に対して、日本はなんと45・8％だ。他にも自己肯定感の低さを象徴するようなデータが次々に並んでいる。

こうした幸福度の低さや自己肯定感の低さにはいろいろな理由があるだろう。だがその背景として、**「日本人の価値観がかなり画一的である」**ということが思い浮かぶ人も少なくないのではないか。

例えば、明るい未来を手に入れるには、勉強ができないといけない。いい学校に入らないといけない。幸せになるには、いい会社に入らないといけない。お金を持っていないといけない……。

多くの人たちが、漠然とこんなイメージを植え付けられてしまっている。要するに、**「社会的な成功のようなものを手にしなくてはいけない」**という呪縛だ。

自分の幸せを、しっかり定義できているか

こうした「答え」のようなものを作っているのは日本人自身である。私は、社会が漠然とこうした「答え」を持ってしまう理由はとてもシンプルだと思っている。正解が決められていれば、自分で「答え」を考えなくてよくなるからである。

「日本人はカテゴライズや序列が大好きだ」という話を取材でよく耳にする。血液型に始まり、星座、出身地、男女、世代、大学や就職する企業に至るまで、「これこれはこういうもの」「その価値の順番はこれ」というくくりでまとめたがる。

「答え」があるとラクチンなのだ。「ほら、こうなんだから、しょうがないじゃないか」「これよりもこっちのほうが上だぜ」で済んでしまう。

先の2つのデータも、日本人が持っている価値観で海外の人に自分を評価させたら、各国でも結果は大きく変わったのではないか。しかし、そうなっていないのは、**他国では「答え」がたくさんある**からである。価値観が多様なのだ。

「社会が求める成功」ではなく、「自分が思う成功」を追求できる。周囲もそれを認める。他人に自分の価値観を押しつけたりはしない。むしろ、自分の価値観をしっかり持っていることで尊敬されたりする。

どうして私がこんなことを書くのかというと、これを取材で知ったからである。うまくいっている人たちは多様な価値観を持っていた。彼らはまさにこういう考えだった。

世間のいう成功なんて、どうでもいい。そんなものに縛られない。それより、自分で見つけた「答え」にこだわる。そんな生き方をしていたのである。

ＡＫＢ48を生んだ著名なプロデューサー、秋元康さんはこんな話をしていた。

「今、ビジネスパーソンに最も必要なのは、人生観を固めることだと思っています。つまり、自分なりの価値観をはっきりさせること。出世して社長になったり、創業者利益で莫大な資産が手に入っても、必ずしも幸せになれるとは限りません。(中略)

大事なのは、自分にとって何が幸せなのか、どうすればドキドキできるのかを、しっかり理解しておくことです。本当に何が好きなのかを考えてみる。誰かの意見に流されたたり、お金に縛られて判断が間違っていないか自問自答してみる。そうやって、自分の幸せをしっかり定義しておく。それができていないと、常に何かを求め、何にでも手を出し、結局何も手に入らないことになりかねません」（『プロ論。』徳間書店）

必要なのは、**「誰がなんといおうと、これはオレの幸せ」「私はこれでいい」「周囲がどう思おうと関係ない」**と言えることだ。

私自身、失業してレールを外れたとき「これで人生は終わった」と思った。しかし、むしろ逆だった。名刺を渡して侮蔑の表情を浮かべられても私はなんとも思わない。私には私の価値観があるから。私は私だから。

誰かが作った「答え」に縛られる人生は苦しい。求められているのは、自分の幸せは何かという「問い」なのである。

幸せになる技術

❷ 自分で見つけた「答え」にこだわる

幸せな人は、
与えられた仕事に全力で取り組む

マンガ『ナニワ金融道』の作者・青木雄二さんに取材したときのことをよく覚えている。この作品は金貸しという職業を通じて人の本質をえぐりだし、大きなヒットになった。青木さんは生前（２００３年に逝去）のインタビューでこんなことを語っていた。

「結局のところ、日本人はみんな心にウソをついとるんや。ほんまに欲しいのは金。ええ学校も、ええ会社も金のためやろ。でも、エリート企業なんか入っても、金はたかがしれとる。ほんまに金が欲しいんやったら、なんで野球選手にならんのや。契約金で何億円ももらえるで。目指すべきは勉強や学校やない。野球選手になることやないか。子どもらはみんな、一流大学なんて行かんでもええ。野球選手を目指したらええんや」

これは青木さん流の**「日本人の価値観への疑問」**だと私は思っている。

人間はまさに人それぞれ。顔かたちも違えば、身長も違う。性格も違うしメンタルの強さも違う。手先の器用さも、走るスピードも違う。勉強ができるギフトをもらった人がいるように、人は神様からいろんなギフトをもらって生まれてきている。だとすれば、そのギフトをこそ使ったほうがいい。

戦後の日本で教えられることがぐっと減ってしまった学問がある。**哲学**である。「この学問の面白さは、学問名が学問についていないところにある」と取材で教わった。

経済学は経済を学び、社会学は社会を学ぶ。政治学は政治だし、国際関係学は国際関係。ところが、哲という学問はない。ここが面白いところで、「それを自分で見つける」ということである。「答え」がない学問なのだ。これこそ「答え」に縛られている日本人に必要なのではないか。端的に言えば、「人はなぜ生きるのか」「どうして自分は生まれてきたのか」「どんな人生を送りたいのか」ということだ。

しっかり内省ができていないから、「答え」に振り回される。他にすがるものがなくなる。これは私自身の職業が幸運だったから気づけた、ということもあるが、何より知るべきは**「いかに自分が狭い世界で生きているか」**である。

運命を受け入れ、自然体で生きていく

私はリクルートで人材採用関連の広告を作っていたが、改めて知ったのは「世の中には驚くほどの数の会社があり、驚くほどの数の仕事がある」ということだった。**まったく無名の会社にとても充実した仕事人生を送っている人たちがたくさんいる。**

意識して街を歩くだけでも、素敵な仕事にたくさん出会える。今も印象に残っているのは、ハワイからの帰国時、成田空港で駐車場の送迎車を待っているときに見た光景だ。屋内のベンチの隅っこに自動販売機が置かれていた。

そこに、飲み物を補充するスタッフがやってきた。カギを入れてドアを開け、ドリンクを次々に補充していく。だが20代後半とおぼしき彼の仕事は、それでは終わらなかった。ドアを閉め、カギをしめると、彼はバッグから布を取り出して、黙々と自動販売機を磨き始めたのである。日本の自動販売機はどこに行ってもピカピカだが、なるほど、こうや

ってきれいに拭いてくれていたのだと知った。

しかも、彼の拭き方がなんとも丁寧なのである。押しボタンの一つひとつをじっくり、しっかり拭き上げていく。汗を拭き拭き、一人での作業である。会社の先輩が見ているわけではない。上司が見ているわけでもない。それでも一生懸命に取り組んでいた。

「自動販売機を使ってくれる人に、気持ち良く買ってもらおう」と考えているのだろう。そうすることで喜んでくれる人がいる、と気づけていたのだろう。

見ていた私は、なんだか感動してしまった。思わず近づいて、「素晴らしい仕事をしていますね」と声をかけた。「ありがとうございます」と照れくさそうに返答してくれた。

自分が与えられた役割に、とにかく懸命に向き合う。自ら喜びを見つけ、そこに充実感を持って生きていく。そういう生き方がある。

笑福亭鶴瓶《つるべ》さんが、インタビューでこんな言葉を残してくれている。

「別にゴールデンタイムみたいな仕事だけが偉いんやないんです。小さな世界でも、そこで必要とされることに意味がある。そこから始まっていくんですよ。

神様から「お前もなんかせい」と言われて人は生まれてきてるんやと思う。だから、自分を信じるべきやと僕は思ってます。焦らんでいいんです。種をまいて、花が咲くのを待つ。もちろん、種もまかんのに花は咲かんし、水やりもちゃんと必要になりますよ。でも、大事なことは上を目指そうという気持ちを常に持ち続けること。いつも向上しようとしている人は、誰から見ても素敵なものなんです」(『プロ論。』)

幸せになる技術

❸ 与えられた役割・仕事に全力を尽くす

幸せな人は、

「できないこと」を目指さない

私は社会的に成功している人たちにたくさん会ったが、**「成功しなければ幸せになれないのであれば、それは極めて残酷なことではないか」**と思ったことが何度もあった。

成功した人たちは「とんでもない人」「特別な人」も多かったからである。

あるサッカー日本代表の選手は、こんなことを言っていた。

「僕よりもサッカーがうまい選手は、高校時代、いくらでもいたんですよ」

だが、彼らは日本代表どころかプロにすらなれなかった。サッカーがうまいのは当たり前なのである。そこからさらに努力、もっといえば「とんでもない努力」を続けられたかどうかがその後を分けたのだ。

しかも往々にして、**このレベルの選手になると（これはビジネス領域でも同じだが）努**

力を努力と思っていない。端から見ればとんでもない努力をしているのだが、本人にはその自覚がまったくないのだ。

例えば、当然だがプライベートなどない。とにかく練習、練習、練習である。そこまでやるからこそ日本代表クラスの選手になれる。誰にでも真似できることではない。ある意味、「努力の天才」なのだ。それが当たり前になってようやく手にできるのが、そのレベルの成功だ。

ロボットスーツ「ＨＡＬ」を開発、サイバーダインという会社を設立し、のちに上場もさせた創業者であり、筑波大学教授でもある山海嘉之《さんかいよしゆき》さんへの取材が忘れられない。

「そういえば、ここ10年で自宅の布団で寝たのは10数回しかないかな。ほとんど床か、ソファー。なんのために家があるのか、よくわからないなぁ(笑)。あと、研究となると時間を忘れてしまうことは多々あります。40分のつもりが、2時間経っていた、とか（笑）」

(『我らクレイジー☆エンジニア主義』講談社)

社長の後ろにはもう誰もいない

経営者たちの努力も相当なものだ。私は多くの起業家や社長にインタビューしているが、その忙しさたるや半端なものではない。スケジュールは分単位で組まれていたりする。

しかも、**これだけスケジュールが詰まっていても、社長が疲れた顔を見せるわけにはいかない。**社員に対して興味なさそうな素振りも許されない。常に集中し、真剣に話を聞いていないといけない。

ある社長が語っていたのは**「トイレに行くときも油断はできない」**だった。男性社長だったが、用を足している姿がしょんぼり見えたら、それだけで「疲れているのでは」「元気がなかった」「何か会社に問題があるのではないか」といった風評につながりかねないというのである。

何より社長の後ろにはもう誰もいない。何かの案件が上がってきたとき、課長は部長に決裁を仰げる。部長は局長や役員に仰げる。役員は社長に仰げる。

だが、社長はもう誰にも仰げない。すべて自分で決めなければいけないのだ。これが一つや二つではない。同時にいくつもやってくる。しかも、社長案件まで来るものは責任重大。失敗は許されない。大変な緊張感の中で仕事をしないといけない。社員との関係も簡単ではない。相手が社長だと誰もが身構えるからだ。だから、どうしても孤独になる。孤独感を抱いている社長は少なくない。

会社のトップを張るには、まずは体力、気力は必須。メンタルも強くないといけない。その上で人をまとめあげる力が必要になる。

とてもではないが、誰にでもできる仕事ではない。**安易に「社長になりたい」などと思うのはあまりに危うい**と改めて思った。芸能界のスターたちにも取材したが、彼らの発つ圧倒的なオーラが誰にでも真似できるはずがない。

だからこそ思ったのは**「できないことはできないでいいじゃないか」**だった。誰もが成功を目指す必要があるのか。それこそ誰もが努力で東大に入れるわけではない。

元SMAPの香取慎吾さん。平成を駆け抜けたトップスターの一人は、こんなことを語っていた。

「生きるって、大変じゃないですか。だから、大変さを避けて行っちゃうと、やっぱり面白くないと思うんです。実際には、避けようとしても、避けられないですけど。大変なこと、辛いこと、苦しいこと、どんどんやってきますから。だから、そこから逃げずに行く。全部、勝て、ということでもないけど、少しは向かっていかないと。それは面白いことだ、と思ったほうがいいですよね。

僕だって、大変なこと、たくさんあるんですよ。そうは見えないかもしれませんけど（笑）」（リクナビＮＥＸＴジャーナル　２０１９年６月25日）

スターの言葉だけに重い。成功するのも大変なことなのである。

幸せな人は、人生を「ビスケットの缶」だと考える

「周囲の成功がまぶしく見えてしまう」「それが自分を苦しめている」という人もいる。羨ましい気持ち。自分もそうなりたい、という気持ち。どうして自分はうまくいかないのか、という気持ち……。

私自身、20代はそんな気持ちにいつも襲われていた。「どうしてダメなのか」「何がいけないのか」、自分を責めた。逃げたい気持ちにもなった。いつも焦っていた。

そこから救ってくれていたものがひとつあった。20代の暗黒の時代、私がバイブルのように読んでいた1冊の本があるのだ。村上春樹さんの『ノルウェイの森』(講談社)である。私にとってはこの本は自己啓発本であり哲学書だった。

中でも『ノルウェイの森』に出てくるこの一節は、今でも私の座右の銘になっている。

「人生はビスケットの缶だと思えばいいのよ」

ヒロインが語るセリフである。小説の中での意味はさておき、私はこの言葉を勝手に解釈させてもらった。

ビスケットの缶には、いろんなビスケットが詰まっている。大きなビスケットや小さなビスケット。はたまた、おいしいビスケットやおいしくないビスケット。

もし、人生が今うまくいっていないなら、それは「おいしくないビスケットを食べている」ということなのである。すると、「後においしいビスケットが残る」のだ。

今苦しい思いをしておいしくないビスケットを食べておくと、後からおいしいビスケットばかりの状況になる、ということである。

おいしいビスケットを先に食べてしまったら

今も私は何かを羨んでしまうことは一切ない。

むしろ、こんなふうにすら思っている。

「大きな結果が出てしまって、それが人生のピークになったら困る」

人生は長い。可能であれば、人生が終幕していく80代、90代で人生のピークが迎えられたら、それこそ最高の人生ではないか。

若い頃にはまったくこのことに気づけなかった。「人生は長い」ということにイメージが向かわなかった。実のところ、華々しい活躍が20年も30年も続けられるとは限らない。スポーツ選手だってそうだ。

若い時代にうまくいく人たちは、おいしいビスケットを先に食べているだけなのだ。もしかすると、「残りはおいしくないビスケットばかり」ということもありうる。うまくいってしまうというのは、光だけでなく陰も背負うのだ。

もちろん成長するための努力は常に必要だ。それはしっかりやらないといけないが、成果は急がない。急ぐべきでもない。こんなふうに考えると、人を羨ましいとは思わなくなる。**もし今、結果が出ていないなら、これからを楽しみに生きたらいい。**

ただ、ビスケットの話には、実は続きがある。フリーランスを25年続けて、たくさんの人に取材して、わかったことがひとつあるのだ。

ビスケットの缶の中で「おいしいビスケットとおいしくないビスケットの割合は、人によって変わる」ということである。おいしいかおいしくないかは、自分で決めているからである。だから、人によっては、同じビスケットの缶でも「おいしくないビスケットだらけ」になってしまうのだ。

一方で、世の中には、他の人が食べるとおいしくないビスケットまでおいしく食べてしまう人がいる。これは、とても幸せなことである。逆に、おいしいビスケットまでおいしくなく食べてしまったら、この人生は厳しい。

実は、**ビスケットの缶の中身は、自分が決めているのだ。**

幸せになる技術

5

成果を急がない

幸せな人は、

現実を自分で作る

その映画を初めて観たのは高校2年のときだった。『うる星やつら2 ビューティフル・ドリーマー』。知る人ぞ知る傑作なのだが、私は何よりその世界観に強く惹かれてしまった。軽く100回は見ていると思う。

映画の詳細はネタバレになるので語らないが、要するに「この世は何でできているか」というのが物語のキーになっている。**仮に今、目の前で起きていることが夢であるのか、それとも誰かの夢、それこそ蝶の夢なのか、実はわからない**のである。こうしてこの本をみなさんが読んでくださっているのが、現実のことなのか、それとも夢の中のことなのか、実は証明のしようがないのだ。

この考え方をテーマにした映画や小説はたくさんある。映画でいえば『マトリックス』

もそうだし、『シックス・デイ』『インスペクション』もそう。

どうしてこの世界観に惹かれたのか。はっきりわかったのは、のちのことである。私は兵庫県北部の小さな街の農家の長男に生まれたのだが、幼い頃から家を継ぐことを定められていた。自分で未来を決められない運命に、私はずっと激しく傷ついていたのである。結果的に私は両親の期待を裏切って東京に出てきてしまうのだが、この出自の問題からつねに逃避願望を持っていた私には、大いに夢をもたせてくれる話だったのだ。

フリーランスになってたくさんの著名人にインタビューしていく中で、その本当の意味らしきものが言語化される。要するにこういうことだ。

「世の中は、自分の意識が作っている」

これをそのままズバリ、インタビューで語っていた人もいた。

フリーアナウンサーの古舘伊知郎さんも、その一人だ。

「そもそもこの世って自分の意識がつくってるんです。人によって、渋谷が暗い街だったり、バラ色だったりするでしょう。だったら、物語が意識に作用して、現実がしびれを切らす可能性だってある。ただし、家も車も女も仕事も全部なんとなく欲しいじゃ、薄っぺらなポジティブシンキングと同じです。脳はバカだから、スケベはひとつに絞らなくちゃ。それで、ぐっと深く物語化する。空想、妄想でいい。」（『プロ論。』）

いいも悪いも、実は自分が決めている。**大してうれしくないことだって「これはものすごくうれしいことだ」と意識すれば、ものすごくうれしいことになる。**一方、ものすごくうれしいことが起きているのに、自分で勝手にうれしくないことにもできてしまう。

世の中なんて、所詮その程度のもの

私が改めて思ったのは、こういうことである。

「なんだ、世の中なんて、所詮その程度のものじゃないか」

自分の意識ひとつで、その姿はすっかり変わってしまう。もしかしたら、夢なのかもしれない。それなのに、「結果が出た」だの「出世した」だの「抜擢《ばってき》された」だの「お金がない」だのと一喜一憂して、落ち込んだりしている場合ではない。それよりも、「もっと楽しい、幸せな世の中を自分で作ってしまおう」と考えてしまえばいいということだ。

問われているのは、自分自身の意識である。

有名な脳科学者・東京大学教授の池谷裕二さんへのインタビューで、なぜかこの「世界観」の話になった。意外なことに池谷さんは身を乗り出して話をしてくれ、「実は昔の人もそれを言っていたんですよ」と歌を諳《そら》んじてくれた。

「世の中は　夢かうつつか　うつつとも　夢とも知らず　ありてなければ」（よみ人知らず）

（この世は果たして夢なのか現実なのか　現実とも夢ともわからない。この世というものは存在していて、かつ存在していないものだから）

まさか平安時代からこの世界観があったとは知らなかった。そんな昔から語り継がれてきたというのは、ある意味、極めて本質的なことなのかもしれない。

幸せになる技術 6 世の中は自分の意識が作っていると知る

幸せな人は、

自分で自分の幸せを定義する

まずやらなければいけないことは、「自らの幸せの定義をしっかりと定めること」である。幸せをぼんやりさせないということだ。これがないから、ぼんやりとした「社会的な成功」を追い求めてしまう。

漠然と成功者に憧れてもしょうがない。彼らは神様から大きなギフトをもらったことに加えて、大変な努力をしている。簡単に彼らを目指すべきではない。

わかりやすい社会的な尺度に振り回されるべきでもない。学歴、会社、収入、社会的地位、お金……。幸せとこういうものとの相関関係はない。そんなものを手にしなくても、幸せな人はたくさんいる。

では、どうすべきなのか。**自分にとっての幸せが何かを自分で決めることだ。**幸せをぼんやりさせないことである。そのためのクエスチョンを挙げてみたい。

・何をしているときが心地良いのか
・何を手に入れるとうれしいのか
・どうなっているのが理想なのか
・どんなモノを手に入れたいのか
・どういう人と付き合っていたいのか
・どういう暮らしをしたいのか
・人にどんなふうに見られたいのか

これらの問いに対する答えを考えた上で、優先順位をつけてみることだ。いくつかチョイスしていくこと。「どうしてもこれだけは譲れない」というものは何かを考えてみる。とにかく大切なのは、自分の頭で考えることである。

スマホをいじっていても幸せにはなれない

今、多くの人に圧倒的に足りないものがある。それが「考える時間」だ。戦後、テレビというメディアが登場し、世紀末にインターネットが生まれ、さらにスマートフォンなどのデバイスが誕生して、どんどん人の時間は奪われている。電車に乗っても、ボーッとしている人はほとんどいない。みんなスマートフォンに夢中である。

なお、幸せの定義についての質問を掲げたが、これは一度にすべて思い浮かべる必要はない。すぐに出なかったからといって、気にする必要はまったくない。

そして考えるからといって、特別な場所を用意する必要もない。大事なことは、「考えようという意識を持つ」こと。スマートフォンやテレビから距離を置くことだ。

私自身、書籍の企画や原稿の構成など、仕事でいろいろなことを考えなければならないが、アイディアは基本的にデスクの上では考えない。これは、ある放送作家へのインタビューがきっかけだった。「デスクの上ではアイディアは出てこない」というのである。

幸せになる技術

7

幸せについて考える時間を作る

人間の奥底に眠っているものは、人間が油断しているときにこそ出てくる。むしろ、**考えることに意識を向けないほうがいい。**私も、駅まで歩く途中に考えたり、電車に乗っている間に考える。すると、自分が目にしたものから連想して、思わぬアイディアが浮かぶ。電車の中吊りがアイディアのヒントをくれたり、向かいに座っている人のファッションがヒントをくれたりする。それをメモしていく。「脳に指令を出しておくと、勝手に考えてくれる」と語っていたクリエイターもいた。

幸せの定義も、そんなふうに考えるといい。そして、思い浮かんだことはどんどんメモする。言ってみれば、「自分の幸せのキーワード」である。

それらをまとめて、じっくり眺めてみる日も作る。すると、すでに出したキーワードから連想して新しいキーワードが出てきたりする。幸せのキーワードが増えていく。

端的に言えば、**「自分の幸せについて考える時間を作る」**ということである。何が自分を幸せにしてくれるのか、頭をめぐらせるのだ。

第２章

幸せな人が「やりたいこと」を仕事にしない理由

どんな仕事でも楽しくやるために大切なこと

幸せな人は、
「自分のため」に働かない

幸せ感を大きく左右しているものに仕事がある。

私が多くの取材で学んだことは、**「正しい仕事観」を持つことの大切さ**だった。

20代の私は就職も転職もうまくいかず、実績も出せなかったが、まずは私自身の仕事人生を一変させた実体験から、語っていきたい。

28歳で失業して2カ月ほどが過ぎた8月、リクルート時代にデスクを置いていた制作部の部長から電話がかかってきた。私が勤めていたのはリクルートの子会社の制作専門会社で、私はリクルート本体の大企業の広告を作る制作部に常駐していた。そこの部長が心配し、失業した私に声をかけてくれたのである。

おそらく同じ関連会社に勤めていた同い年のデザイナーの友人が私を気に掛け、部長に声をかけてくれたのだと思う。今も彼には心から感謝している。そして部長からは、「彼と話をするといい」と、同じ制作部内の別の社員の方をご紹介いただいた。

私の手元には、ほとんどお金は残っていなかった。再就職への意欲もわかなかった。なし崩し的にフリーの道に進んだのは、お金が底を突きかけたからである。

だが、当時のリクルートは退職後6カ月を経過しないと取引コードが取得できなかった。そこで社員の方に提案いただいたのが、「取引コードが取得できるまで時給の事務アルバイトをすること」だった。ただ、「かつての職場では恥ずかしかろう」と、別のフロアにいる彼の知り合いを紹介してもらった。それが、紙媒体の求人誌の巻頭記事などを作る編集部だった。

時給850円。アンケートの袋詰めなどを、事務アシスタントの女性の指示のもとに行う。まがりなりにも、数カ月前までクリエイターとして働いていたのだ。プライドはズタズタである。だが、これが現実だと受け止めた。

働かせてもらったのが編集部だったことは、私の最初の幸運だった。このアルバイトを真面目にやったおかげで、編集長から「編集記事を書いてみないか」と声をかけてもらえたのである。ここから、のちに著名人などへのインタビューの仕事につながっていく。

晴れてフリーランスになったとき、ひとつ心に決めたことがあった。それは**「自分のために働くのはやめよう」**だった。

失業の憂き目に遭い、私は誰からも必要とされないことの恐怖を味わった。**仕事を出してもらえるとはつまり、必要とされているということである。**そこから出てきたのが、**「誰かのために働く」**だった。この小さな心得が、私の人生を一変させる。

「いらない」と思い始めたら、手に入った

コピーライターだった20代の私はとにかくギラギラしていた。だから転職にも踏み出した。早く結果が欲しかった。お金も欲しかった。「有名になりたい」「女性にモテたい」「誰もが羨むような暮らしがしたい」と思っていた。成功に焦っていた。

当時、成果としてわかりやすいものがあった。社内外の広告賞である。コピーライターとして実績を挙げるには、それを受賞するのが最も手っ取り早かった。だが、私はなかな

か結果が出せなかった。上位入賞はかなわなかった。

どうして受賞できなかったのか？　今の私にはよくわかる。「明らかに賞を狙いに行っていた」からだ。広告効果は意識しつつも、私はクライアントそっちのけで「賞が取れる広告」を作ろうとしていた。**「自分のために働いていた」**のである。

そういう仕事は、端から見ればよくわかる。もし私が審査をする立場だったら、すぐに気づいたはずだ。「これは賞を狙いに来ている」「自分のために仕事をしている人間の作るものだ」と。

「自分のために働くのをやめた」とは、その意識をやめたことを意味していた。とにかく発注者の意向を汲むことを考える。広告効果だけに集中する。編集記事も同様。企画の意図を汲んだ読者に向けたものを作る。「誰かのために」こそ働くのだ。

驚くべきことが起きたのは、フリーになってしばらく経ってからだった。ありがたいことに、紹介が紹介を呼ぶ形で、私はいろんなセクションで仕事をさせてもらうことになるが、そこで社内の賞を次々と受賞したのである。

20代であれほど欲しかった賞が、賞のことなどまったく考えなくなったら取れるように

なった。「なるほど、そういうことなのか」という気づきを私は得た。

「自分のために働くのをやめ、誰かのために働く」ということが持つ力を、私は実感したのである。

ときどき驚かれるが、私は今も仕事を選ばない。「できない仕事はしない」など例外もあるが、基本的にスケジュールの順番である。それは、今も私の最大のモチベーションエンジンが「必要とされていること」にあることに起因する。

これもまた私に大きな幸運をもたらした。**何ひとつ「こうしたい」がなかった私は、流れ流され、仕事の主戦場が変わっていったのである。**そして、行き着いた先に待っていたのは、予想もしていなかった未来だった。

幸せになる技術

❽ 自分のためでなく、「誰かのため」に働く

幸せな人は、

「やりたいこと」を仕事にしない

「文章を書く仕事をしているんですから、ずっと文章を書くのが好きだったんですね」

これまでに何度もこういう声をもらっている。私は自分の本だけではなく、経営者など他の著者の本を書く仕事をしているので（私はこの仕事をブックライターと命名し、育成する塾も開いている）、実に毎月1冊、本を書いている。だから余程、書くことが好きだと思われているようである。

しかし、これは過去の本にも何度も書いていることだが、私は書くことはまったく好きではないし、得意でもない。むしろ、子どもの頃から作文は苦手で嫌いだった。

実は今でも書くことが好きなわけではない。だから、仕事以外で文章を書くことはまずない。ブログもやっていない。趣味の文章も書かないし、何かに応募することもない。フェイスブックくらいである。

では、**どうしてこの仕事をしているのかというと「流れ流されたから」に過ぎない。**そもそもの興味は文章ではなく広告、しかもテレビCMだった。大学2年のとき、佐藤浩市さん主演のテレビドラマ『CF愚連隊』を見て、広告の世界に強い興味を持った。

時はちょうどバブル全盛に向かう時期。コピーライターが華やかな職業としてもてはやされていた。「大手広告代理店は入社するのが難関」という話を聞いていて、鼻っ柱だけは強かった私はそこにも興味を持った。

だが、就職活動は惨敗。大手広告代理店への入社は叶わず、親しい先輩に拾ってもらって、アパレルメーカーに入った。しかしくすぶる気持ちは抑えきれず、制作会社に転じたのだが、これがリクルートの子会社だったことが大きな意味を持った。

この会社の広告の領域が、商品広告ではなく「求人広告」だったのである。人材採用の広告は、商品広告のように「ポスターで短いキャッチフレーズ1本」というわけにはいかない。広告内に、会社を説明するちゃんとした文章が必要なのだ。

おかげで、私は苦手で嫌いだった文章を書く羽目《はめ》になってしまった。それこそ最初の頃は、300文字を書くのに1日かかった。やがてどんどん文字量が増えた。この仕事を社員として5年半やり、フリーになった後も当初はこの仕事が中心だった。

だが、先にも書いたように**「自分のために仕事をするのをやめた」私は、仕事を一切選ばなかった。**すると、著名人のインタビューの仕事が増え、経営者の書籍を作る仕事に狩り出されるようになり、自分の本も依頼されるようになった。こうして、ありがたいことに月1冊、本を書く日々になった。おまけに、そのスキルを塾で教えるようになった。

ただ、**私は一切やりたいことを考えない。今もしない。**ただ、委《ゆだ》ねられた仕事をやってきただけである。塾もそうである。お願いされたからやっただけだ。

やりたいことがない、のは強み

今は「やりたいことを仕事にしないといけない」「やりたいことを見つけないといけない」という強迫観念にも似たメッセージが流れていると聞く。しかし、**やりたいことなど、そう簡単に見つけられるものではない。**ジャーナリストの田原総一朗さんも取材でこんなことを語っていた。

「好きなことが見つからないんだと言う人もいると聞きますが、当たり前です。好きなことというのは、なかなか見つからないものなんです。だから僕は、人生は好きなこと探しだと言っている。より好きなことを見つけるためにこそ、人生はあるのだ、と」（『プロ論。』）

私はむしろ**「やりたいことがないことは強みになる」**と思っている。やりたいことがなければ、目の前に提示された仕事をやればいい。すると何が起きるか。やがて自分に最も適した仕事に出会える。

仮に、やりたいことが見つかったとする。でも、それが自分にまったく合わない仕事だったらどうだろうか。これで本当に幸せな仕事人生を送れるのか。むしろ、第三者のほうがその人に合った仕事を客観的に見つけられるのでは、とも思う。

ちなみに私の場合、今も文章に苦手意識がある。調子に乗ってテングになることはありえない。これもまた、ありがたい偶然だった。もっとうまくならねば、とコツコツといつまでも努力をし続けることになった。苦手なことを職業にした幸運を思う。

幸せになる技術

❾ 偶然や運命に身に委ねる

幸せな人は、

やりたくない仕事に喜ぶ

「やりたいことを見つけたほうがいい」「やりたい仕事をしたほうがいい」という風潮はいったいどこから出てきたのか。というのも、ビジネスパーソンの最高位に登り詰めた社長にたくさんインタビューしているが、**「やりたい仕事をやってきて社長になった」という人にはお目にかかったことはない**からである。

むしろ、「会社の配属のままにキャリアを積んだ」という人がほとんどだった。しかし、では社長が過去のキャリアを悔いているかといえば、まったくそんなことはない。むしろ、**どんな仕事も、嬉々《きき》としてとまでは言えなくても、楽しんでやっていたのではないか**という印象がある。

組織の大きさにかかわらず、どのくらいの人がやりたい仕事についているのか、私はははなはだ疑問である。「やりたい仕事をやっている」という声を聞くことは、ほとんどない。多くの人が、やりたい仕事なんてしていない。

周囲の環境は変わる。やりたいことがあっても、「やりたいことだけをずっとやり続けていく」ことは難しいだろう。それより、会社から配属というチャンスをもらって、いろんな経験をしていったほうがいいと思うのだ。

実際、そんなふうに異動で社員に力をつけさせてくれる会社もある。だったら、会社に委ねてしまったほうが、余程いいのではないか。それだけ力がつくからである。

もちろん、「海外で働きたい」「このプロダクトに携わりたい」「この領域に関わりたい」という希望はあっていい。だが、やりたいことを絞り込み過ぎると、むしろキャリアを狭めてしまいかねない。

会社の王道を歩んだわけでもない人が

印象的な取材がある。ソニーの元ＣＥＯ、出井《いでい》伸之さんだ。私はのちに月刊誌の連載を

6年間担当し、親しくさせていただくのだが、あるインタビューで面白い話を聞くことができた。

出井さんは大学でヨーロッパ経済を学んでいて、ヨーロッパで伸びそうなメーカーに行くことを考えていた。ここで逆張り発想をした。当時のソニーは完全にアメリカに目が向いていた。ヨーロッパに目が向いた人材が社内にいなかったのだ。

「人と同じことをする生き方もありますが、僕は逆張りを考えた。大会社よりも小さな会社、人材のいる会社よりもいない会社、ヨーロッパはこれからという会社。実際、創業者の一人だった盛田昭夫さんは、「われわれの会社に、ヨーロッパでやりたいという人が来た」と喜んでくれました」（『プロ論。3』）

最初の配属は外国部。ここで会社の配属の妙を知ったという。

「面白いのは、会社が僕を輸出部ではなく、輸入部に配属したことです。海外事業の花形は輸出ですから、この配属はショックでした。でも、輸出に行っていたら、僕は基礎を学ぶチャンスがなかった。輸入だったから、契約や手続きを嫌でも勉強することになったんです。

嫌だと思うのは、苦手だから。嫌な部署に行かされたら、喜んで行かなくちゃいけない。その後も僕はいろんな部署を経験しましたが、花形の職場で過ごす10年より、ずっと力がついたと思いました。人脈ができたし、さまざまな知識も得られた。

それこそ傍流の事業が主流になる可能性だってある。会社に指示された仕事を懸命にやりながらも、同時に自分がやりたい方向も模索しておく。そういう意識さえ持っていればいいんです」（同）

出井さんは取締役から14人のゴボウ抜きで社長に就任するが、会社の王道を歩んだわけではない。むしろ逆だ。

与えられた仕事を受け入れ、目の前の仕事に活き活きできる人はきちんと力をつけていく。そういう姿を、上司はきちんと見ている。

実際、環境はどんどん変わる。出井さんの言うように、傍流だった事業が会社の主流になる可能性もある。主流の仕事にこだわると、残念なことも起こり得る。

もっといえば、**「与えられた仕事を楽しんでしまう」ことの重要性だ。**自分がイメージできる「やりたい仕事」なんて、たかが知れている。それなら会社に委ね、与えられた仕事に邁進してしまえばいい。やってみたら「あ、これがやりたい仕事だったんだ」という出会いだって起こるかもしれない。

幸せになる技術

⑩ 与えられた仕事を楽しんでしまう

幸せな人は、
キャリアプランを考えない

「やりたいことを見つけなさい」と並んでよく聞くのが、「キャリアステップを考えなさい」である。しかしこれも注意したほうがいい。

自分で計算しているようになど、いかないからである。

興味深い話をインタビューで聞かせてくれたのが、資生堂の魚谷雅彦社長だ。

魚谷さんは大学卒業後、ライオンに入社。MBA留学を経て外資系企業に転じ、日本コカ・コーラで社長を務め、自ら事業をスタートさせたのち、資生堂の社長に抜擢された。

以下は、日本コカ・コーラ在職時のインタビューである。

「キャリアについて、事前にしっかりと計画を立てる人がいるようです。でも、僕は決してそうじゃなかった。実際、行き当たりばったりです（笑）。（中略）留学したいと思ってライオンに入り、マーケティングに出合い、コカ・コーラに行き当たった。ただ選択したものは、思い切り好きになって、のめり込んだ。死ぬほどのめり込んでいたんですよ。マーケティングなんて、二四時間、何をする時も考えていましたから。情熱を持って取り組めば、自然に道は開けてくるものなんです」（『外資系トップの仕事力』ダイヤモンド社）

大事なことは、未来ではなく、今

計画にしてもキャリアステップにしても、所詮は今のところからどんな未来が待っているのか想像を働かせるに過ぎない。言ってみれば、**「想像ができてしまえる未来」**なのである。これでは**「想定外」の未来には出会えない**。

私は「やりたいこと」も、計画も持たなかった。本を書く仕事に就き、自分の名前で本を何冊も出すなんて夢にも思わなかった。**やりたいことも計画もなかったおかげで、まったく想定外の未来に連れて行かれた**のである。

もし、フリーになったとき、あの時点での想像力でキャリアステップを考えたら、せいぜい「広告の世界で実績を出そう」くらいだったと思う。「コピーライターなのだから、広告の世界だけで仕事をするべきだ」と考えたかもしれない。

だが振り返ってもゾッとするのは、その後、ネット時代がやってきて、紙メディアの求人媒体がどんどんなくなったことである。あのときコピーライターの仕事、求人の仕事にこだわっていたら、仕事がなくなってしまっていたかもしれない。

何も考えなかったからこそ、私は最も自分が必要とされるだろうところに流れ流された。そして、最終的に最も大きな「書き手」のマーケットがあるところに流れ着いた。これは、私が考えず、選択しなかったからこそ、たどり着くことができたのである。

最近は長期のキャリアどころか、何をするにも計算する人が少なくないと聞く。「これはなぜやらないといけないのか」と理由を問う。

「これを手に入れるためにこれをする」「これをしたんだから、これが手に入らないといけない」……。

しかし、取材でこんなふうに語っていた人は少なくなかった。

「小さな計算にこだわって、大きなチャンスを失う人は少なくない」

よくわからない未来のことをいくら考えても仕方がない。あれやこれやと計算しても、その通りになど、なるはずもない。

それよりも、**期待されていることにきちんと応える。**これは会社員の人たちも同じだ。大切なことは未来ではなく、今、目の前なのである。キャリアや人生設計にあれこれ頭をめぐらせる前に、目の前の仕事に必死になることだ。そういう姿をこそ、まわりの人たちはよく見ている。あなたが思っている以上によく見ている。

そして、そこから「あいつを使ってみよう」「あの人に来てほしい」「任せてみるか」などとチャンスをつかんだ人は多い。そんなふうにして、キャリアを作り上げた人たちに「想定外」は待ち構えている。

幸せになる技術 11 「想定外」の未来を楽しみに待つ

幸せな人は、
幸運と不運を区別しない

仕事をしていると、運・不運に見舞われることがある。就職活動も運・不運があるし、仕事の配属、関わるプロジェクトなどでも運・不運はある。

私など、就職活動はすっかり玉砕してしまった。20代の頃は、その不運を呪っていた。「どうしてうまくいかないのか」と自分を責めた。うまくいっている人たちを羨んだ。

おまけに転職も納得いくものにはならなかった。コピーライターにはなれたものの、労働条件が厳しかった。裁量労働制の新会社で、残業代がなかった。労働時間は前職から比べると圧倒的に長く、給与は大きく減った。さらなる転職をしたら今度は会社が倒産。不運の塊のようだと思っていた。

ただ、振り返ってみると、**もし大手広告代理店を目指していた最初の就職でうまくいっ**

ていたら、今の私のキャリアはない。こうして本を書いていることもなかっただろうし、3000人にも及ぶ人たちに取材を重ねるという貴重な経験はできなかった。

人間としても、学びを深められなかったと思う。「思い通りの人生になった」と、鼻持ちならない会社員になっていたかもしれない。遊び呆けて勉強も努力もせず、むしろ足元をすくわれ、人生がうまくいかなかったかもしれない。

私がリクルートで手がけていた仕事は、求人領域のコピーライティングだった。コピーライターの花形はやはり商品広告だろう。テレビCMを手がけたり、ポスターを作ったりする。大きな広告賞を受賞したり、海外に作品を出品する人もいる。

そういう世界に憧れなかった、といえばウソになる。20代の頃は「いつかそういう世界に」とずっと思っていた。

ただ、求人領域だったおかげで、のちに私は大変ありがたい思いをする。先にも触れたように、私は文章を書くことを求められた。また多くの業界、企業について理解を深めた。のちに記事や書籍を書くことになり、このときに得た「土地勘」が大いに役に立った。

私は著者に代わって本を書くブックライターを育成する塾を展開しているが、すでに書く仕事をしている人のほか、書く仕事をしていない人も迎えている。業界や企業の「土地勘」を持っていることは、書く上で大きな武器になるからである。

就職に失敗し、転職に失敗し、失業まで経験したことは、書き手として大きな意味を持った。読者のいろんな気持ちに寄り添うことができたと思う。取材の力も磨かれた。求人領域では多くの人に会って取材をした。これは本当にありがたいことだった。

稲盛和夫さんが大変な迫力で語られたこと

書く仕事も求人情報誌の記事から始まっている。マイナーな雑誌だからこそ、著名人インタビューのチャンスがもらえたのかもしれない。若くて経験の浅い私に早く順番が回ってきたのだ。

のちに著名な雑誌や新聞系列のメディアから仕事をもらって取材に行く機会も得たが、正直びっくりした。取材相手の対応がまるで違ったからである。アポイントもすぐに取れてしまう。広報のトップが出迎えてくれる。

かつての私は、取材の依頼書を必死になって書いた。マイナーなメディアで取材を受けてもらうのは、簡単ではないのである。ましてや著名な方々のアポイントは簡単に取れない。有名社長や大臣などに自ら依頼することもあったが、どうやって斬り込んでいくか、いつも必死に考えていた。

いざ取材に行っても、相手は品定めから始める。当然だ。マイナーなメディアだから、相手も心配なのだ。だが、これでいい取材、いい原稿ができれば、高い評価をもらえる。次の声がかかる。一方、メジャーなメディアでは、好意的な対応から始まる。そこで本当に力を磨けたかどうか、と思う。

元SMAP・香取慎吾さんへの取材は、他の俳優の取材をきっかけにPR担当者の方が評価してくださり、実現した。こういうことはよくある。とてもうれしいことである。

「不運に思えたことが、実は幸運だった」という話をずばり、取材でしてくださった方がいる。京セラ創業者の稲盛和夫さんだ。

「うまくいかなかったからといって、決して悲観しないでほしい。一見、不幸に見えるこ

とも、実はそれが本当の不幸とは限らないからです。それも自分の人生だと受け入れて、与えられた環境のなかで前向きに明るく必死に生きていく。これが一番大事なんです。そうやって努力を重ね、真摯に生きていくことが人生というものを形作っていきます。その意味では、むしろ逆境のなかから這い上がっていく立場になったほうが、大きな収穫を得られるのかもしれません。私の人生がまさにそうでした」（就職ジャーナル　企業ＴＯＰが語る「仕事とは？」　２００９年11月13日）

質問に丁寧に真摯にお応えいただいた姿を今も覚えている。若い人に何を伝えたいか。大変な迫力だった。

幸せになる技術

⑫ 目の前の不運を、簡単に解釈しない

目の前で起きていることが「損」なのか「得」なのか、簡単に答えを出してはいけない。人生は、そんなに単純ではない。

幸せな人は、

仕事を「本質」で選ぶ

多くの仕事人、経営者、成功者に取材をしたが、仕事に関して改めて感じることがある。それは「表面的な仕事からは本質は見えてこない」ということである。

先に、「やりたいことなんて見つけなくていい」と書いたが、それは**今の自分がイメージしている「やりたい仕事」は表面的なところしか見えていない可能性が高い**からだ。

会社に命じられるままにキャリアを積み重ねてうまくいった人たちは、思わぬところでそうした「本質」に出会うことができたのだと思う。

「書く仕事は好きではない」と先に書いたが、ではなぜ私は今も書く仕事をし続けているのか。月1冊の本を書き、たくさんの取材をして記事を書き、今なお求人領域の仕事をする。最近では大企業の統合報告書のCEOメッセージや、国会議員のポスターのキャッチフレーズまでお手伝いもする。

毎月、たくさんの仕事を抱えているが、とても充実している。書く仕事の「本質」は違うところにあると思っているからである。それが私にとても合っていたからだ。

私の仕事の「本質」を端的に言えば**「カオスの整理」**である。例えば、雑誌に掲載する求人広告を作るとする。私がまずやることは、クライアント企業の情報を集めることだ。

多くの会社がウェブサイトを持っていたり、パンフレットを作っている。採用サイトがあったり、採用リーフレットもあったりする。さらには、その企業について取り上げた新聞や雑誌の記事。また、社長にインタビューさせてもらうこともある。

これだけたくさんの情報を集めるが、広告としてのアウトプットは少ない。せいぜい500文字、大きなスペースの広告でも1000文字程度だ。500文字というと、この本で13行分くらいしかない。すべてを文字にはできないから、どの情報をチョイスし、どの情報をカットするのかを問われる。

そこで必要なのは、どんな人がメインのターゲットになり、どんな目的で募集をするか、広告を設計すること。私はこれを、「カオスの整理」と呼んでいる。記事や書籍も同じだが、これこそまさに、私の大好きなことだったのである。

本質が合っていれば夢中になれる。楽しめる

大学時代、私は某政府系金融機関の福利厚生施設でアルバイトをしていた。担当はバー。だが、30席ほどのバースペースに加えて100席ほどのラウンジも見なければいけなかった。お酒だけではなく、コーヒーなども出さないといけない。

平日はそれほど混雑しないが、問題は週末だった。夕食の後などは130席が満席になって、オーダーが大量に押し寄せる。ウイスキーの水割り、カクテル、紅茶、ジュース、アイスクリーム……。オーダーシートがずらっと並ぶが、カウンターは私一人だけである。

もちろん大忙しだが、私はこの瞬間が大好きだった。大量の注文をパッと見て、一緒にできるものは一緒にやり、最も効率良く出せるよう考えながら動く。カオス状態からいかに整理してすばやく最善の解を出すか。これが好きだったのである。

求人領域のコピーの仕事はこれと同じだと気づいた。大量のものから最善の解を出して

いく。**「書くこと」ではなく「整理していく」ことが楽しかったのである。**そしてその先に待っていたのが、今の本づくりの仕事だった。

他の人の本を作るときには、10時間ほどのインタビューをして1冊の本にまとめる。インタビューがそのまま本になるわけではない。10時間分の情報を整理して串刺し、ひとつの流れを作っていく必要がある。本の構成づくりである。これを、付箋《ふせん》で行う方法を私は編み出し、著書『職業、ブックライター。』（講談社）などで紹介しているが、他の人には驚かれる。「なんて大変な仕事をしているのか」と。

膨大な資料にびっしり貼られた付箋を見て、「自分には絶対にこんなことはできない」と言う人もいる。しかし、私にはこれが楽しくて仕方がないのである。

そしてもうひとつ、この仕事が自分に合っていた理由がある。

それは私が、**「教えたがり」**なことだ。面白い情報があると、人に教えたくなるのである。これは記事を書いたり、本を作る人には必須の本質だと思う。これを持っている人には、取材をして書いて多くの人に伝えることは、極めて楽しい仕事になる。

その仕事の持つ「本質」的なものは何か。根源的には、どういうものなのか。そして、

自分はどういう本質を望むのか。どういうことをしているときに心地いいと思うのか。まずは振り返ってみるといい。それは、夢中になれる仕事のヒントだ。

逆に、**やりたくない仕事、嫌いな仕事の本質を考えてみるのも、ひとつのヒントかもしれない。**その仕事の本質は何か、探ってみることである。

幸せになる技術

⑬

仕事内容ではなく仕事の「本質」を考える

幸せな人は、
出世を目指さない

新卒で入社してトップに登り詰めた大企業の社長にインタビューするときのことだ。なかなかない機会なので、最後の写真撮影の前のちょっと空いた時間に、よくこっそりとこんな質問をする。

「どうやったら、こんな会社の社長になれますか？」

極めて興味深いのだが、多くの経営者が同じようなことを答える。

「社長になりたいと思わないこと」

ロジックは極めてシンプルである。社長になりたい人にとっては、社長になることがゴール。社長になれれば、それでいいということになる。

しかし、会社はこれでは困る。社長就任はこれからさらに会社を良くしていくためのスタートなのだから、社長になることが目的の人では困るのだ。

社長は、「手段」でないといけない。社長に抜擢される人は、**「社長というポジションを使って、会社をより良くしてくれる人」**でなければいけない。

そういう人は、普段から「どうすればこの会社がもっと良くなるのか」を考えている。「社長になりたい」が先にある人では決してないのである（「この会社を変えるためには自分が社長にならねば」という秘めた野心はあり、だと思うが）。

もっと言うと、自分のために働いている人ではない。**「会社のため」「組織のため」「社員のため」「仲間のため」という意識を強く持っている人。こういう人が出世していく。**

今は多くの会社が正しいトップやリーダーを輩出できる仕組みを作り始めている。社外取締役が中心になってトップ人事を決める会社もある。社長候補が早いタイミングで選抜され、リーダー教育が行われている会社もある。

いわゆる出世コースも大きく変わっている。先にソニーの元CEOの出井さんの話を書いたが、保守本流と言われていたところで出世をしていた人がトップになる時代ではなくなっている。

子会社に出向になって「もうあの人には次はない」と言われていた人が出戻ってくるケースもある。むしろ子会社に出向することは、ポジティブに受け止められる空気もある。子会社のリーダーとして最前線で鍛えられるからだ。

第一志望の会社に入れた人の落とし穴

大企業の社長へのインタビューでは、もうひとつ共通していることがある。私は「どうしてこの会社に入ったのか」を聞くのだが、これもよく似た話になるのだ。

「あまり大きな声では言えないのだが」という前置きつきで、**「実は第一志望ではなかった」**というのである。「今の学生さんのように、人を納得させる立派な志望動機はまったくなかった」と。

端的に言えば、「たまたま入ることになった」ということだ。ゼミやクラブの先輩に誘われた。一緒に就職活動をしている友達が説明会に行くのでついていった。時間がたまたま空いていたところに、うまく説明会の時間が合った……などなど。

だから、「希望の会社に入ったぞ」と肩に力が入らなかった。こだわりも強くなかった。社長にも興味がなかった。ただ、配属された場所で頑張った。それを見ていた上司が認めてくれ、次々にチャンスをくれた。言ってみれば、**運命を受け入れ、うまく会社に使ってもらったら、しっかり力がついて、社長まで登り詰めてしまった**のである（もちろん、もともとの人間力の高さもあったとは思うが）。

第一志望の会社に入れることは幸運なことだ。しかし、ではそれで幸せになるかというと、実際には必ずしもそうではない。

外資の人事系企業などでトップを務めていた柴田励司《れいじ》さんがインタビューで興味深いことを語っていた。

「かつて次世代リーダーの育成モデルを探っていた時、「第一選抜組」と言われる、同期トップを走る人たち三〇〇人にインタビューしたことがありました。早く選抜される人には共通項があった。その第一が、第一志望で入社していないことだったんです。そして二つ目が若いうちに修羅場を経験していること。三つ目が、海外だったり、まったく違う事業をしている子会社であったり、異文化の中に放り込まれた経験があることでした。

学生が第一志望にする会社は、世間から一流企業だと思われていて、両親も喜ぶし、友達もうらやむ。ところが、そういう会社に入ってしまうと、目標を達成した気になってしまう人が多いんです。入ってから伸びないし、伸びる意欲もない。逆に第一志望ではない会社に入った場合は、そうではない。不満もあるけど、だったら自分がこの会社を変えてやる、踏み台にして大きくステップアップしてやる、という気概を持った人が出てくる」

（『外資系トップの仕事力』）

幸せになる技術

14 不本意な仕事、配属を嘆かない

第一志望の会社に入れる人は少ないだろう。しかし、入れなかったといって嘆く必要はまったくない。むしろ、それは幸運だったのかもしれないからである。

幸せな人は、
「いい人」である

フリーランスになって私は組織というものから離れてしまったが、30代、40代はちょうどまわりの友人たちが会社のポストに就き始めた頃だったこともあり、「どういう人が出世していくのか」についてかなり興味があった。

経営者はじめ、多くの人に取材していく過程でだんだんわかっていったことは、**「結果だけを出していても限界がある」**ということである。**どのくらい広い視野を持てるか、「誰かのため」を考えられるか、会社の行く末を描けるか、**が求められてくるのだろう。

例えばサイバーエージェント。2018年9月に成長企業の経営者約300名が一堂に会する経営者イベント「Best Venture100 Conference 2018」で、藤田晋《すすむ》社長がこんなことを語っていた。

「いま、新卒採用したメンバーから本体の役員になったのは何名もいます。子会社の社長、子会社の役員などに抜擢されているメンバーはおよそ50名。新卒採用し、社内でポストを与えて育てています。

私は今、AbemaTVの立ち上げを2年以上やっており、大半の時間をここに投じています。その一方で、お恥ずかしながら広告やゲームの領域のトピックは新聞を読んで初めて知るといったことが結構あります。

それほどメンバーにまかせ、みんなに勝手にやってもらっているのです。なぜ、社員に任せられるのかというと、人材を抜擢する時は決して実績で決めないからです。

CAでは「いくら実績が良くても人格が悪かったら上にはあげない」ということを徹底させています。

人格が悪い人を昇格させると、「その下の人たちが腐ってしまうのではないか」という心配が消えず、放っておけない、任せられないからです。ですから金銭的な報酬は払うけれども、頑として昇格はさせない。抜擢するのは、特筆できるような実績がなかったとし

ても「信頼できる人格者」と思える人です」（INOUZ times ２０１８年11月6日）

会社のトップがこんな哲学を持っているからこそ、サイバーエージェントはさまざまな大波をくぐり抜けて、今も元気な会社で居続けているのかもしれない。

藤田社長には創業直後から何度かインタビューさせてもらっているが、僭越《せんえつ》ながら会うたび大きく成長されている印象があった。

うまくいく人の共通項は「いい人」

たくさんのうまくいっている人たちに取材をしてきて、その共通項について聞かれることがよくある。中には、「やっぱり椅子でふんぞり返っている人もいるんじゃないですか」などと言う人もいるが、私にはそんな経験はほとんどない。

例外がないわけではないが、私が会った人たちは、みなさんとても謙虚だった。とても人柄が良かったし、気遣いがあった。サービス精神旺盛で、こちらの意図を汲んで話してくださる方が多かった。

要するに「いい人」なのである。ビジネスの現場では、厳しさ、シビアさも当然あるだろうが、ベースにあるのは人の良さだ。3000人以上の人に会ってきて、「そうでなければ、うまくいくはずがない」という確信を持っている。

短期的にうまくいっても、長期的にはうまくはいかない。人としてちゃんとしていることが極めて大事ということだ。

もちろん、仕事で結果を出すことも大事。だが、それ以上に大事なことは「人間としてどうか」である。

ある経営者はこれを「スキルとマインド」という表現をしていた。いくらスキルを磨いても、それだけでは人はついてこない。最終的にはマインドが求められる。

GEで伝説の経営者ジャック・ウェルチのもとで副社長を務め、のちにLIXILの会長を務めた藤森義明さんは、GE時代、インタビューでこんなことを語っていた。

「副社長になりたいとか、たくさん給料が欲しいとか、そういうことを考えたことはまっ

たくないですね。それは自分がやってきたことへの報酬ではあっても、目標にはなりえない。（中略）

ではモチベーションの源泉は何かというと、これはGEの企業文化とも重なるんですが、どれだけ自分の潜在力を試せるか、ということなんです。自分の能力や潜在力はまだまだある。きっとある。では、潜在力はどこまで引き出せるのか。これこそがモチベーションになる。（中略）

この人たちに勝ったとか、この人たちよりも優れているとか思ったことは、一度もないですね。常に追いかけられている気持ちだし、常にまわりから刺激がある。（中略）実際、ここにいたら成功してもいい気にならないですよ。成功しても絶対に成功だとは思うな、と言われ続けるから。自分はすごいことをやったんだと思った瞬間に成長は止まるんです」（『外資系トップの仕事力』）

幸せな人は、
プロセスを楽しむ

多くの人は、仕事で「結果」を楽しみにしがちである。

「数字が出せた」「成果が出せた」「ポジションがもらえた」。結果がモチベーションエンジンになったり、結果の如何《いかん》で幸せ感を持てたりする。

しかし、うまくいっている人たちはそうではない。**彼らは結果ではなく、それに至る「プロセス」自体を楽しんでいた。**逆にいえば、「だから結果が出せてしまう」とも言える。

結果を目的にしてしまうと苦しくなる。それは自分でコントロールできないからだ。「課長になりたい」「部長になりたい」という結果を求めても、自分で課長や部長にはなれるわけではない。課長や部長になるかどうかは、上司や会社が決めることだからだ。

自分でコントロールできないことを、いくらやろうとしても無理である。営業成績しかり、プロジェクトの結果しかり、たまたまの担当など運も大きく左右する。自分の実力だけで必ずしも結果が出せるわけではない。それよりも、プロセスそのものを楽しむ、仕事そのものを楽しんでしまえば、幸せな気分が味わえる。

面白いことを語っていたベンチャー経営者がいた。起業時に大変な苦労をしていた。お金に詰まったり、事業が頓挫《とんざ》しかかったり。ところが事業が軌道に乗り、とうとう株式上場まで果たせたとき、はたと思ったという。「なんだかワクワクしない」と。

いつからか会社の目標を株式公開に据えて走ってしまった。その結果が手に入ってしまった。そのときに気づいたのである。「実は目標に向かって走っているときが、最も楽しかったのではないか」と。

アメリカでも日本でも、起業に成功すると、あっさりと会社や事業を手放し、新しいことに挑む人たちがいる。彼らは**「難しいことに挑むことこそが、自分たちの幸せだ」とわかっているのだ。**

つまらない仕事は、自分が作っている

「ゾーンに入る」という言葉がある。夢中になっている状態のことだ。仕事でゾーンに入っているときは楽しんでいるときである。**うまくいく人たちは、どんな仕事でもこれを自分で作り出してしまうのだ。**

例えばコピー取り。ただコピーを取るだけなら単なる作業である。だが「いかに早く取れるか、やってみよう」と決めたらどうなるか。コピー取りがチャレンジの場になる。「縮小して見やすくする」という選択もあるだろう。「両面にしてコンパクトにする」というやり方もある。「ホチキス留めしやすいコピー」なんてものもあるかもしれない。

もっと言えば、「そのコピーが何のためのものなのか」を聞く。ベストなコピーを取るためだ。実際、役員会議で使われるコピーと、部内会議で使われるコピー、同じコピーでいいのかどうか。

ミドリムシ培養で知られるベンチャー企業、ユーグレナ社長の出雲充《いずもみつる》さんはメガバンク出身だが、「『天職がどこかにあるに違いない』と目の前の仕事をおろそかにする人が多い」と語っていた。

「100人の会議で100枚の資料を100部用意する。1万ページです。膨大な量でしたから、2階と3階を走ってコピー機をはしごしていました。でも、やっているうちにわかってきました。会議は毎月あるのですが、7割くらいは同じような内容なんです。だから、最初から7割は用意しておいて3割を刷新する。そうすると、コピーの仕事は早く終わる。早く終わったので何か新しい仕事ないですか、と尋ねると、ここから面白い仕事がやってきたりしました」(リクナビNEXTジャーナル　2019年1月28日)

うまくいく人たちは、こうした作業でも、幸せなプロセスにしてしまう。**考え方ひとつで、つまらない仕事は、つまらなくない仕事になる。**

そういう姿を、周囲は間違いなく見ている。面白そうな仕事がやってきたとき、フテくされてつまらなそうにコピーを取っている部下と、面白がってやってくれる部下と、どちらに出すか。面白い仕事は、どんな仕事でも面白がる人に出されていく。

最もやってはいけないのは、「仕事は苦役だ」と考えてしまうことだ。そうなると、ただ勤務時間が終わるまでを我慢する仕事人生になる。少しでも充実した人生を送りたいなら、仕事が苦役にならないよう意識することだ。それは自分の心構えひとつである。

そのひとつの方法は、**「仕事を作業で終えてしまわないようにする」こと。**「仕事の目的を理解することだ」と教えてくれた経営者がいた。

有名な例え話である。レンガ職人がレンガを積んでいた。何をしているのかと聞いたら、「レンガを積んでいる」とつまらなそうに答えた。別のレンガ職人に何をしているのかと同じ質問をしたら、「新しい教会を造っているのだ」と嬉々とした表情で答えた。

何のためにこの仕事をしているのかがわかるだけでも、働く意識は変わる。逆にそれがわからなければ作業になり、苦役になる。

幸せになる技術 16 仕事の目的を考えながら働く

幸せな人は、
成功しても調子に乗らない

仕事で注意しなければいけないこと。それは**「うまくいったときにどうするか」**だ。

先に、「うまくいっている人たちは謙虚だった」と書いたが、だからうまくいっている、もっといえば、うまくいき続けている。

実際には、ふんぞり返る人がいなかったわけではない。しかし、やはり長続きはしない人が多かった。世の中の人たちは、極めてよく見ている。**うまくいっているときほど、周囲は注目しているのだと**気づかないといけない。

印象的なインタビューがあった。もう20年ほど前になるが、とんねるずの石橋貴明さんに取材する機会を得たのである。

私が学生時代に見ていた人気番組で司会を務めていたこともあり、取材が入ったときにはさすがにドキドキした。まだ有名タレントへの取材はそれほどしていない時期でもあった。

石橋さんはどちらかといえばヒール役で、「ちょっと怖い人なのではないか」と思っていた。しかし、目の前に現れたのは、丁寧な挨拶をする紳士だった。

今でも覚えているが、取材場所となったホテルのスイートルームで石橋さんはソファに腰掛けると、私の名刺をローテーブルの上にちゃんと置いた。そして私が質問をすると、ときどき私の名前を口にしながら応えてくれたのである。

「上阪さん、今のは、いい質問ですね」

「名前を呼ばれて心地良くない思いをする人はまずいない」という話を老齢の経営者から聞いたことがあった。自分の名前を、テレビの中で見ていた人が何度も呼んでくれたのである。

うまくいったのは、「実力1割、運9割」

この取材で最も驚いたのは、芸能界でトップスターになるまで登り詰めたことに対して、極めて冷静にコメントしていたことである。

「転機とかチャンスとか、誰でも人生に2~3回は必ずあると思う。それをつかむのは、とても難しいのも事実です。運も必要だし、タイミングも必要です。芸能界だって、実力1割、運9割だと思うんですよ。同年代のお笑いの世界にも、うまい人はいくらでもいた。でも、実際に残った人は何人かしかいない。

ただ、運をつかむヒントはあるかもしれないと思うんです。たとえば、辛抱です。辛抱の先に、何かが待っているかもしれない。「石の上にも3年」っていう言葉があるけど、ホント、昔の人は良いこと言ってる。これは、何をやるにしても言えることだと思う。努力も大事です。だって、運とタイミングがそろったときに準備ができてないと、それに乗れないですからね」(『プロ論。』)

そして、「長くうまくいく人の秘訣」をこんなふうに語ってくれた。

「芸能界で長く生きている人って、自分をプロデュースできる人だと思うんです。客観的に、冷静に芸能界の中の自分のポジションをつかんで、次にどこに進むべきか、その方向が見えている。逆にそれが見えなくなって、ふんぞり返ったりしだすと、もう姿を消さざるを得ない。だれでも売れ始めると勘違いしちゃうんです。それは避けられない。

自分たちもそうでした。でも、その勘違いの期間をどのくらい短くできるかです。そうでないと、ポジションは見えてこない。自分たちのときには、実は勘違いを見抜く暗示にいくつも出会いまして。たとえばクルマをようやく買えて、すごいマンションに住めたのに、なぜか駐車場がないとか（笑）。それで、憲武（とんねるず木梨）と、これはおかしい、チャラチャラしちゃいけない時期なんだと気づいた。

こういうのって、会社員の人にも言えるんじゃないですか。客観的に冷静に自分で判断することの大事さです」（同）

うまくいったとき、どんな態度を示すか。どんな発言をするか。それを周囲の人たちは、驚くほど見ている。「ひとりでうまくいったわけではない」と気づけているか。「たまたま幸運だった」と思っているか。「実力がある」などと勘違いしていないか。

実際、たったひとりでうまくいく人などほとんどいない。うまくいくときには運の存在も大きい。実力はもちろん必要だが、それを過信する人は周囲からどう見えるか。

ここで勘違いすると、次のステージには進めない。**うまくいっても謙虚さを貫けてきたからこそ、うまくいき続けている人は次のステージに進めた**のである。

ただ、「本当にすごい人たちを想像すれば謙虚にならざるを得ない」とも言える。もっともっと、すごい人はいるからである。

その意味で、多くの成功者に会えた私は、本当に幸運だった。

取材の度に、「どうして自分はダメなのか」と、パンチドランカーのように打ちひしがれていたのではあるが。

幸せになる技術

17

うまくいったときこそ謙虚になる

第３章

幸せな人が
お金に興味を示さない
理由

お金や人に振り回されないために大切なこと

幸せな人は、

自分に必要なお金の額を知っている

「お金がないから幸せではない」と考えている人は少なくない。私も20代、思ったような収入が得られないことは大きな不満だった。

では、どうすればお金を手にできるのか。これは、うまくいっている人にぜひ聞いてみたいことだった。実際に聞いてみて、多くの人に言われたのがこれである。

「では、いくらあれば、いいんですか？」

たしかに、と思った。もちろん多ければ多いほどいい。だが、この考えがいかに危ないか教えてもらうことになる。

お金というのは恐ろしい存在で、まったくキリがない。１０００万円貯めた人は２０００万円欲しくなる。５０００万円貯めたら1億円欲しくなる。1億円あったら2億円欲しくなり、5億円あったら10億円欲しくなる。

とんでもない報酬と一生遊んで暮らせるほどの資産を持っていても、本人が満足しているとは限らない。幸せになれるとも限らない。

実際、「どうしてこんなにたくさん資産を持っているのに、もっとお金を求めたのか」と驚くニュースが流れることがある。お金の魔力のなせるわざだろう。もし、「お金の多さで幸せの大きさが決まる」のであれば、そうなっても仕方ない。

しかし実際には収入も資産もそれほどあるわけではないけれど幸せに暮らしている人だって、たくさんいる。彼らは**「では、いくらあれば、いいんですか?」の答えをちゃんと自分で持っている人**だろう。これだけあれば満足した暮らしができる。幸せに暮らせる。それがわかっている。

自分のためでなく、誰かのためにお金を求める

成功者たちから**「最も危険なお金の手に入れ方」**についても教えてもらった。いわゆる

アブク銭である。『宝くじで1億円当たった人の末路』（鈴木信行／日経BP社）という本が話題になったが、これはアメリカでは早くから知られている事実だった。

高額の宝くじに当たった人を追いかけて、**「宝くじに当たったことは、幸せなことでしたか」と問うたら、90％以上の人が「そうではなかった」**と答えたという。「宝くじなんか当たらなければ良かった」と言っていたのだ。

宝くじに当たった翌日から世界は一変するらしい。「奢《おご》ってくれ」とすり寄ってくる友達にご馳走せざるを得なくなる。「お金を貸してほしい」という人もたくさんやってくる。「仕事なんてやってられるか」と辞めてしまう。宝くじに当たる前は、寄りつきもしなかった人たちが押し寄せる。家族も態度が変わったように思える。そのうち、「みんな自分のお金を狙っているのではないか」とまで考えるようになる。

会社が上場して億万長者になった人にも魔の手は忍び寄る。一生、働かなくてもいいような資産が手に入り、働く気力を失ったりする。どうでもいいお金の使い方をしてしまう。投資に失敗したりする。詐欺《さぎ》にひっかかる。借金までしてしまうこともあるという。

「お金があれば幸せになれる」なんて単純な話ではない。では、お金とはどう向き合っていけばいいのか。結局、最終的にはこういうことなのではないか。

「準備ができている人のところに、お金はやってくる」

宝くじに当たって悲惨な末路をたどるのは、「お金を手にする準備」ができていないのに手に入ってしまったからである。キリなくお金を求めてしまうのも、上場して巨額の資産を得たのに、悲惨なことになってしまったのも同様。これこそ「いくら欲しいのか」「何のために欲しいのか」に帰結する。それが明確でないのにお金が入ってきたら、お金が妙なことを引き起こす。幸せどころか、むしろ不幸になりかねない。

「お金がやってくる人はどんな人か」という質問に、こんなことを言った人がいた。

「自分のためでなく、誰かのためにお金を求める人」

家族のためでもいいし、社会のため、社員のためでも、世界のためでもいい。誰かのためにお金を求めている人のところにお金はやってくる。

幸せになる技術

18 自分に必要なお金の額を明らかにする

幸せな人は、

お金に興味がない

ある経営者は、2年かけて準備を推し進めていた株式上場をやめてしまった。もし、上場していれば、数十億円の資産が手に入ったかもしれなかった。

そもそもの上場の目的は「良い採用をするため」だった。しかし、その会社はすでに良い採用ができていた。それで経営者は「なぜ上場しなければいけないのか」を考えた。上場すればいろいろな制約が出る。上場を維持するための費用がかかる。これまでのようなスピーディな事業展開ができなくなる可能性がある。株価に一喜一憂する経営になりかねない……。それで、あっさり上場を見送った。

株式上場というと経営者が億万長者になれるイメージがあるが、そこにまったく興味を持っていない起業家もいた。お金に関心がないのである。だから、自分の資産がいくらになっているのかも知らないという。取材でお金の話をズケズケと聞いたこともあって、私の中ではこんな印象が残っている。

「お金に興味がない人が、お金持ちになっている」

むしろ、お金にガツガツしている人のほうが、お金が近寄ってこないのではないか。実際、こんなことを言っている人もいた。

「お金持ちはお金のために働かない。楽しみのために働く」

楽しんで仕事をしていると後からお金がついてくる、ということである。お金が先ではない。お金は何かをする手段に過ぎないからである。

お金が寄ってくる人は「お金を使う目的がはっきりしている人」と言えるのかもしれない。これこそまさに「準備ができている」である。

お金が欲しいなら、どんどん使うこと

アドバイスとして、こんなことを語っていた人も多かった。

「**お金が欲しいなら、どんどん使うこと。**『金は天下の回り物』という言葉があるが、まさにそれ。貯め込まずにどんどん使いなさい、そうすれば入ってくるから」

これは私がフリーランスだったから、ということも大きいかもしれない。

ということで私はどんどん遣った。当初はモノもいろいろ買ったが、やがて限界に気が付く。モノを買っていると家がモノで溢れるのである。最初の頃は幸せ感もあったが、だんだんなくなった。高級なモノを持っているからといって、どうということはない。

不思議なもので、お金を使うほど欲しいモノはなくなっていった。「実はそこまで欲しいものはそうそうない」ことに気づいた。億万長者の人はこんなことも言っていた。

「いつでも買えると思ったら、買うことに興味がなくなってしまった」

こんなとき教わったのが、「コト」に遣うことだった。良いホテルに泊まる。良いレストランに行く。良い体験をする。おかげで稼いでも貯蓄はからきしだが、たくさんの体験はできた。それは仕事に間違いなく生きた。そういう経験なしに書けない記事や本もある。お金をどんどん遣ったから緊張感もあった。

フリーランスは万が一に備えている人も多いが、私はまったく考えなかった。むしろ自分を追い込み、自分へのプレッシャーにしていた。たしかに最低限の備えは必要だろう。だが、いくら貯めてもそれこそキリはない。何歳まで自分が生きるかはわからない。歳を取ってもお金を稼げる力をつけることこそ、大事ではないか。

だから、**稼げるスキルを身につけるためにこそお金を使うことが大事になる。**貯めていても何も生み出さないが、そのお金を使って将来お金が生み出せるようにする。これこそ、大きなリターンが得られる投資ではないか。

ちなみに私は、いわゆる投資は行っていない。投資についてあれこれ考える時間があるなら、その分働いたほうがいいと思っているからである。このほうが余程、利回りがいい。

幸せになる技術

19

お金で何をしたいのかをハッキリさせておく

幸せな人は、
HOWよりもWHYを重視する

お金と仕事という視点で、極めて印象に残っているインタビューがある。養老孟司さんだ。「お金と仕事をどうして結びつけるのか」という話だった。

「2000年の夏に、イギリスに行ってきたんですが、イギリス人の感心するところは、仕事というものを当たり前だと思ってやっていることです。例えば、あるカビの研究者は、世界のカビ関連の文献をデータベースに入力しているんですが、今年は予算がつかなくて手伝いが雇えないから大変だとさらりと言う。そして自分でその仕事を淡々とこなす。日本人ならすっかりふてくされていますよ。金も出ないなら、やらないってね。

でも彼らは違う。必要だと思うからやっているのであって、それに金がつく、つかない

は関係がない。」（『プロ論。』）

日本では多くの人が仕事の目的を「お金をもらうこと」として捉えてしまう。しかし、本当にそうなのか。もしかすると、**仕事をすることそのものが人生の意義であり、もっといえば世の中の役に立つことそのものが人生の意義なのではないか。**

そのことに気づけば、やれ「給与が少ない」「もっと欲しかったのに」といったことがどこまで重要なのか気づける。

問題は「何をやるか」であって「いくらもらえるか」ではない。そういう生き方もあるということだ。

HOWを学んで、役に立つのか？

この養老さんの取材では、私にとって大きな気づきをもらえた。実はこの取材のとき、鎌倉のご自宅で叱られた。当時の私は、読者に役に立つことを意識するばかりに「読者はどうすればいいか」というＨＯＷばかりを聞き続けていた。それが怒りに触れたのだ。

戦争を経験した世代に共通しているが、彼らは**「ＨＯＷが通用しない時代」**に生きた。子どもの頃、昨日まで正しかったことが、突然正しくなかったことになった。黒塗りされた教科書はその象徴である。

「明日もわからない中でＨＯＷを知ってどうするか？　そのＨＯＷ通りにしたところで同じことができるのか？　そもそも明日は環境が変わってしまっているかもしれない。それなのにＨＯＷを知って何の意味があるのか？」ということである。

必要なことは、「自分で考える力」「踏み出していく勇気だ」と。大切なのはＨＯＷではなくＷＨＹではないか。養老さんはこんな話をしてくれた。

「学生を見ていてもそうなんですが、今の若い人はなんだか不幸そうですね。結局、先の見えないところを一度も通ったことがないからだと思う。（中略）

そもそも先のことなんか、だれにも分からないんです。どうなるか分からないけど、まずやってみよう。そういう気持ちが苦境を切り抜けるパワーを与えてくれる。ところが若い人は発想をなかなか変えられません。年寄りの僕のほうが柔軟なくらいです。人というのは、いつ死ぬか分からないんです。ボーッとしてたら、あっという間に終わってしまう。だから、まず一生をどうやって生きていきたいのかというところから、きちんと考え直したほうがいいと僕は思う。そして勇気を出して、自分が決めた新しい生き方で第一歩にチャレンジしてみる。これは危ないかもしれないと思っていたことを、思い切ってやってみるんです」（同）

就職雑誌や就職サイトは、養老さんのような年配者にこそ話を聞きに行くべきだと思っている。

就職や転職のサイトに出ている記事の多くは、入社数年目の先輩談である。もちろん、それも意味があるだろうが、彼らの経験はせいぜい数年に過ぎない。**40年、50年といったスパンで就職や転職を眺めてみたら、まったく違う景色が見えてくる。**

幸せになる技術

20 仕事そのものが人生の意義だと気付く

幸せな人は、

厳しい人たちと付き合う

2001年9月11日、アメリカで同時多発テロが起きた。この翌日、私は著名な大学教授に取材をしていたのだが、そこで聞いた話を今もよく覚えている。テロはなぜ起きたのか、まだ情報が錯綜《さくそう》していた。ネット上でもいろんな説が飛び交っていた。そんな中で、大学教授からこんな言葉が出てきたのである。

「こういうときこそ、**誰の言葉を信じるか**、が問われるんです。でも、実はそれは人生も同じなんです」

報道ではさまざまな意見や情報が飛び交った。どの情報を信じていいのか判断がつかなかったが、「誰の言葉を信じるか」という教授の言葉に改めてハッとさせられた。

世の中には山のようなものの見方、考え方、情報がある。それをインプットして判断を下している人がほとんどだろう。**判断を間違うときとはどういうときかというと、インプットを間違えたときなのである。**

だが、インプットの段階で「何が正しいのか」「何を信じるべきか」をその都度、評価していくのは簡単ではない。そこで大きな意味を持つのが**「誰を信じるか」**になるわけだ。実のところそれほど難しい話ではない。日常的に人はみな、この選択をやっているからだ。付き合っている人たちであり、同僚であり、友達だ。日常的に付き合っている人たちに、人はとてつもなく大きな影響を受けている。

例えば、大した努力もしていない人に「いや、お前は頑張っているよ」と言う人もいれば、「いや、あいつを見てみろよ。お前の努力なんて、まだまだだよ」と言う人もいる。自分の周囲が前者のような人ばかりだと、これはちょっと危ういかもしれない。甘い人たちばかりだからである。自分もどんどん甘やかされていってしまう。

逆に後者は、なかなかに厳しい言葉だが、「自分をもっと高めてくれる人たち」ということになる。こういう人たちのまわりにいたら「もっと頑張らねば」ということになる。

この例は極端だが、**周囲にいる人たちのレベルで、自分のレベルも決まってしまう。**向上心もそうだし、知的好奇心や知識欲、ポジティブな思考など、周囲から大きな影響を受ける。

こんなことわざを取材で語っていた人がいた。

「お前の友達を見れば、お前がわかるよ」

誰を信じるか。誰の話に耳を傾けるか。誰を標準にするか。誰を友達にするか……。それだけで人は大きく変わるのだ。

よくわからない形容詞に惑わされない

メディアに書かれていることが本当に真実なのかはシビアに見極めないといけない。

本書の冒頭で記した「ぼんやりとした誰かが作った価値観」を一方的に垂れ流しているのもメディアであることが多い。

わかりやすい例に「就職人気企業ランキング」がある。私はずっと疑問に思ってきたが、一度も就職したことがない学生が作る「就職人気企業ランキング」とはいったい何なのか。これが一人歩きして、就職偏差値のようなものになっていく。これに振り回されて、うまくいかなかったと嘆く人たちが出てくる。

そもそもこうしたランキングの会社に自分が合うとは限らない。なのに、あたかもそれが「答え」であるかのように発信されるからこういうことが起こる。

私は言葉を使って書く仕事をしているが、**最も危険な言葉は形容詞だ。**「美しい」「大きい」「楽しい」といった形容詞は、これだけでは何のことだかさっぱりわからない。だからできるだけ使わない。「いい会社」は象徴的だ。これ自体、ぼんやりして意味がよくわからないのである。

必要なことは「いい」という形容詞を自分なりに分解することだ。何であれば自分にとって「いい」のか。興味ある業種かもしれないし、面白そうな仕事かもしれないし、高水準の給与かもしれない。

まさに自分で答えを「問う」ということである。これをめんどくさがると、誰かが作ったぼんやりとした「答え」に惑わされる。

「問う」を深いものにしていくためにも大事なことは、**いろんな価値観に触れること。い**

幸せになる技術 21

いろいろな価値観に触れ、世界の人と交流する

いろんな世界の人と交流していくことだ。

同じような人たちとつるんでいるのは、快適である。だが、それでは価値観は広がっていかない。

幸せな人は、

他人を否定しない

自分のことを悪く言う人についてどう対処すればいいか。取材でそんな質問も投げかけていた時期もある。経営者はじめ、多くの人の返答がこれだ。

「相手にしない」

そもそも悪口を言っている人間の目的は、最終的にはこちらを困らせ不快にすることではないか。こちらが困り、不快になると、相手の狙いにまんまとはまることになる。

仮に誰かにこちらの悪口を吹聴していたとして、さて、そんなことを言っている人間を周囲は信用するかどうか。こいつは今度は別の場所では、自分の悪口を言いふらしているのではないか、と思われても仕方がない（私はそう捉える）。

人の悪口を言うような人間はどこでも信用されないのだ。思っている以上に、人はそういうところをシビアに見ている。

これは逆も真なりで、人の悪口を言っていると周囲からはそんなふうに捉えられる。面白がって聞いてくれているようで、内心は極めて冷めた目で見ていると気づく必要がある。人の悪口には要注意である。

こんなことを取材で言っている人がいた。

「自己肯定感のある人は、他人を否定したりはしない」

他人を否定したり悪口を言うのは、コンプレックスの表れでもある。人の悪口を言ったり他人を否定したがる人は自己肯定感がないのだ。

自分に自信がない人、自分を認められないかわいそうな人なのである。悪口を言っている人に遭遇したら、そんなふうに思えばいい。

また「ズルをしてトクをしている人に耐えられない」という声が聞こえてくることがある。たしかにそういう人もいる。

これも放っておけばいいだけのことである。

ズルをしてトクをしているのは本当にトクなのか、よく考えてみる必要がある。目先のちょっとしたトクは、未来永劫続くわけではない。

それよりも失った信頼のほうがはるかに大きい。いずれは誰も相手にしなくなる。こんなことを言っていた経営者がいた。

「人生は、きっちり帳尻が合う」

そもそも、そんなくだらないことに心を煩《わずら》わされないほうがいい。果たしてそれが、自分の人生と何か関係があるのか。自分の人生と大いに関係がある人、大事にしたい人であれば指摘する必要はあるが、そうでないなら放っておく。

そんなことに自分の時間を使う無駄を考えたほうがいい。時間は貴重なのである。

叱ってくれる人にこそ、感謝する

あるタレントの方が、取材でこんなことを言っていた。

「叱ってくれる人にこそ、感謝しなさい」

若い頃というのは、あれやこれやと叱ってくる人はうっとうしいものである。

「あまり多くを語らずに放ったらかしにしてくれる先輩や上司のほうがいい」と思えたりするし、私自身もそう思っていた。

しかし、3年後、5年後にきちんと成長できるのはどちらの先輩や上司の下か。

おそらく、口うるさい上司のもとで育てられた場合だろう。やさしい上司や先輩、口うるさくない上司や先輩だと、めんどくさくないし心地良く過ごせる。しかし、これはありがたい対応に見えて、実はちっともありがたくない対応なのである。これでは成長できないからである。

上司や先輩にしても、部下には適当にやさしくしていたほうがラクチンである。嫌われたり、うっとうしく思われることもない。自分がイライラすることもない。

口うるさく指摘し叱り飛ばす上司や先になるほうがはるかに大変だ。部下や後輩に嫌われるかもしれないということがわかって、やってくれているのである。

想像しなければいけないのは、**叱ったり指摘したりすることに、いかにパワーがかかるか**、である。

愛情がなければ誰も叱ってくれない。むしろ、叱ってもらえない会社や叱ってもらえなくなったときこそ、危うさを認識すべきかもしれない。

厳しい上司を持ったとき、このことに気づけているかで意識はまるで変わってくる。もちろんパワハラは問題だが、厳しさにも理由があることを理解しておいたほうがいい。

「やさしいから、理解があるからいい上司、いい先輩」などという単純な公式は、大間違いである。また、そういう先輩や上司を目指すべきではない。

幸せになる技術
㉒
無駄なことに時間も意識も使わない

幸せな人は、

小説や芸術に触れる

うまくいっていた多くの人たちが「しておいたほうがいい」と語ったものがある。小説を読むことである。経営者には小説好きの人は少なくなかった。

「小説は、人間の機微《きび》が学べるから」

そう単刀直入に、小説を読む動機を語る経営者もいた。小説にはさまざまな人物や人間関係、さまざまな舞台設定が出てくる。想像もつかない出来事があったり、事件が起きる。とんでもない苦難から立ち上がる物語がある。

難しい戦いに挑んでいく物語がある。驚くほどの人間力に心震わせる物語がある。**人間や人間関係を、生きていくことを学ぶ上で、小説はとても大きな示唆を与えてくれる。**

私はビジネス雑誌などで「ビジネスパーソンに向けた推薦本を教えてほしい」などと聞

かれると、いつも小説を紹介している。これには、取材に来た編集部から驚かれることも少なくなかった。そんな企画で何度か紹介したことのある1冊に、村上春樹さんの『ノルウェイの森』がある。

先にも少し触れたが、私は不遇の20代、村上春樹さんの小説を哲学書のように読んだ。ところどころで、グサグサと刺さる名言がたくさんあったのである。

「（中略）ひとつ忠告していいかな、俺から」
「いいですよ」
「自分に同情するな」と彼は言った。「自分に同情するのは下劣な人間のやることだ」
（『ノルウェイの森』）

何もかもうまくいかず、思い通りにならなかった20代、私がついつい陥ってしまいそうになったのが、自分に同情することだった。

「これでも頑張っているんだ。給料が少ないのもしょうがない。会社が悪いんだ、政治が悪いんだ、日本の経済に問題があるんだ」……。

しかし自分に同情したところで、何も生み出すことはできない。何も変えられない。落ち込むとよく本を出して、この箇所を読んだ。

神様からの贈り物に触れない手はない

インタビューの仕事で、私は多くの著名な作家にもお会いした。そして、大いに驚いた。書く仕事をしていただけに、大きな衝撃を受けた。

例えば、著名な作家に「どうやって小説を書くんですか?」とストレートに質問した取材があった。すると「頭から」と返事が戻ってきた。書き出しを書き始めると、最後まで一気に書き進められてしまう、というのである。

また、ベストセラーをたくさん書いている著名な作家の仕事場にお邪魔させてもらった。歴史小説も多く、さぞや膨大な資料に囲まれているのかと思いきや、資料はほとんどなかった。マーカーや付箋もなかった。ほとんど資料なしに、とんでもないくわしい場面が描かれていたのである。

世の中には、こういう人たちがいる。まさに天才。選ばれし人たち。なるべくして、なった人たち。私が思ったのは、「ああ、この人たちは神様から遣わされてきた人なんだな」ということだった。

特別な人たちである。ならば、この人たちがつむぎ出すものを読まない手はない。そうでなければ、あまりにもったいない。

彼らが送り出す作品は、神様からの贈り物だ。だから、仕事にすぐに役立つビジネス書以上に読んだほうがいい。そこには極めて大事なメッセージが潜んでいるのだ。

経営学の重鎮、『失敗の本質』で知られる一橋大学の野中郁次郎先生にインタビューをしたのだが、先生の研究の原点は、アメリカ留学時に指導教官からアーネスト・ヘミングウェーの短編小説を読むことを命じられたことにあったのだという。

「マーケティングの勉強をしに来たのに、どうして小説なのか、と思いながら、私は短編集を読み続けました。驚いたのは、ヘミングウェーの文章は、形容詞も副詞もほとんど使わず、簡潔に書かれていたことです。物事の本質を洞察し、考えて考え抜いて言葉にしていたんです。「シンプルにする」とは、最小の言語で、最大の意味を作ることなのだ。このとき、物事の意味を徹底的に掘り下げて本質を極める、という知の方法論を私は体得したのです」（『理念と経営』コスモ教育出版　2019年8月号）

幸せになる技術

㉓ すぐ役立たないものに興味を持つ

私は画家や音楽家にも取材をしているが、彼らにも同じ印象を持っている。選ばれし人なのだ。だから絵画や音楽などのアートに触れることを意識している。

小説や芸術はすぐに役立つわけではない。だが、人類の歴史の中でずっと愛され続けてきた、人々にさらされ続けて残ってきた。**必ず何か意味がある。人生を豊かに、幸せなものに近づけてくれるヒントがある。**

第４章

幸せな人がいつも機嫌が良い理由

自分の感情をコントロールするために大切なこと

幸せな人は、
不快なものに近づかない

経営者のインタビューや撮影が社長室で行われることがある。社長室に入れてもらえることなどそうそうない。極めて貴重な機会なので、撮影の合間に私はキョロキョロとあちこちをよく観察する。

外国人の経営者もいたが、男性であれ、女性であれ、共通していたことがあった。**家族の写真が必ず置いてあるのである。**

ある外資系の日本法人トップの部屋はペーパーレス推進にも取り組んでいる企業で、紙の資料ばかりでなくファイルを入れるボックスすらなかった。何もないデスクの上には、パソコンとスマートフォンだけ。それでも家族の写真、子どもの写真はしっかり飾ってあった。

最近では、日本企業の経営者も家族の写真を飾っているケースを目にする。当初はどうして家族写真を仕事場に飾るのか不思議だったが、やがて理解できるようになった。

先にも触れたが、社長業は本当に大変である。精神的にも肉体的にも極めてハードだ。孤独にも耐えなければならない。そんな彼らも、社長室に戻ってデスクに座ると、家族の顔を眺められる。愛する配偶者や子どもの写真は間違いなく経営者を元気づける。「もっと頑張ろう」「家族のためにもやらねば」となる。**家族の写真はメンタルをコントロールする方法のひとつなのである。**

他にも、ひいきの野球チームのグッズをデスクに置いていた国務大臣がいた。好きな選手のサイン入りのグラブを飾っていたアメリカ人の社長もいたし、ユニフォームのレプリカを貼り付けていた証券会社の社長もいた。

自分の好きなものを近くに置いておくということだ。最近はスマートフォンの待受画面に家族の写真や、旅行先で撮ったお気に入りのスナップを入れている人は多い。スマートフォンを開けるたびに大好きな写真が出てくる。これもまたメンタルコントロールの方法になっていると思う。

うまくいっている人は、自分自身をコントロールする術を持っている。心を穏やかにし心地良く過ごせるよう、いろんな工夫をしている。香りへのこだわりを持つ人もいれば、ファッションへのこだわりを持つ人もいるし、観葉植物を大事にしている、という人もいる。自分を心地良くしてくれるものを理解し、自分のそばに置くことでポジティブな気持ちに持っていく。そんな上手な習慣を持っている。

だが、「それよりも、もっと大事な習慣がある」と語った元経営者がいた。

「心をざわつかせるものに近づかない」ということである。

自分をネガティブにするものには注意

「例えば、『あそこにお前の悪口が書かれていたよ』とか、『誰々がお前についていろいろ言っていたよ』とか言ってくる人がいますよね。そういう人は遠ざけますね。だって、そんなことを知って私に何か良いことはありますか？」

これは象徴的な話だが、**うまくいく人たちは、自分をネガティブにするものに注意して**

いる。もちろん、都合の悪いことは排除してしまうわけではない、それでは仕事がうまくいかない。

そうではなくて、**「知らず知らずのうちに、自分を不快にしているものがあることに意識的になっておく」**ということである。例えばＳＮＳ。投稿者の充実ぶりや頑張りが見えてきてポジティブな気分にもなれるが、自分を不快にしている投稿もある。

ＳＮＳを眺めていて、心がざわついていることがあるのではないか。それがわかっていると、「そこまでして熱心に見る必要があるのか」と気づける。

最近は「ＳＮＳは極めてほどほど」という人が増えてきている。まったく離れてしまった人もいる。ＳＮＳの怖さに気が付いているのだろう。

自ら不快になるようなアクションを起こしてしまってはいないか。自分の心をざわつかせているものは、どんなものなのか。それを理解しておく。その上でＳＮＳなりに接する。

自分の心をざわつかせるもの、不快にするものに敏感になろう。それによって、いかに自分が気分を悪くしているか自覚的になる。

一方で、**自分を幸せな気分にしてくれるものを知っておく。意識して、近くに置く。あ**

るいは幸せな気分になれるような環境を作っておく。これもまた、自分自身と向き合えているからこそできることである。

幸せになる技術

24 自分が幸せな気分になるものを知る

幸せな人は、
テレビを見ない

お金をテーマにした本を作ったとき、興味深い話を聞いた。著者は世界のお金持ちに会っていた人だが、彼らはテレビをほとんど見ないという。テレビがない人もいた。日本人のお金持ちに聞いても、テレビはできるだけ見ないと語っていたらしい。「無駄な時間を過ごしてしまうから」である。

この著者自身、うまくいかなかった若い時代、仕事から帰ると意味もなくバラエティ番組で憂さ晴らしをしていたと語っていた。

世界中でいろいろな調査があるようだが、**裕福でない人、成功できない人の習慣で多くの時間を占めていたのはテレビだった**そうである。

テレビの問題については、ある経営者がこんなことを語っていた。

「かかる時間の割に、手に入る情報が少ない」

テレビは多くの時間を奪う。しかも一方的に情報が送られてくる。見ていようと思えばいくらでも見ていられる。あっという間に時間が過ぎる。

テレビの危険なところは、ラクチンなことである。相手からどんどん情報を流してくれるのだ。

そうするといろんなことが面倒になる。何もしなくなっていく。ゴロゴロし始める。そして、ますますテレビが消せなくなっていく。

「朝、テレビをつけることは絶対にしない」と語っていた人もいた。朝から不快な情報が耳に入ってきてしまうからだ。ワイドショー的な番組がたくさんあるので、事件やスキャンダルについて報じられているのを見ると1日、気分が悪くなる。

残忍な事件について驚くほど詳細に分析したり、誰かが誰かと不倫したなどのスキャンダルを知って、いったい自分の人生にとってどんな役に立つのか。

そのことに気づいたら、見る意味などないことがわかる。知らなくていいことまで、知る必要があるのかどうか。ましてや、心をざわつかせるようなものに触れる必要があるのかどうか。

私自身、ニュースとスポーツ中継以外は、ほとんどテレビを見ない。つけることもしない。つけたら消せなくなるとわかっているからだ。

テレビの作り手たちは極めて優秀である。一度つけたらなかなか消せないよう、あの手この手で迫ってくる。その怖さを知っているからつけない。そうすることで、いろんなことができる時間が生まれる。

「仕事以外で最も多くの時間を費やしているのはテレビ」という人も少なくないかもしれない。それで自身が充実した1日を過ごせているなら問題はない。しかしそうでないなら、考え直してみる必要がある。

時間を定める。見る番組を決める。消せないリスクに気づいておく。テレビというのは、恐ろしい存在だと考えたほうがいい。

メディアを信じ過ぎてはいけない

著名なジャーナリストに取材していたとき、こんな話を聞かされた。

「日本はメディアに対する信頼があまりに高過ぎる」

彼が言わんとしたことは、**「メディアもビジネスだ」**ということである。

メディアは悪い面ばかりを伝えようとする。危機感を煽《あお》ったほうが売れるからだ。「株価が急上昇した」という見出しが躍った新聞は大して売れないが、「株価が暴落した」と書かれた新聞は売れる。だから、メディアはネガティブなニュースに向かいがちになる。

しかも、メディアはすべてを十把《じっぱ》一絡《ひとから》げに伝えようとする。「すべてがそうなっている」とばかりに報じる。それは情報の切り取り方がそうなっているに過ぎない。

実際、バブル崩壊後、中小企業について苦境のニュースばかりが流れていたが、この頃、外車を何台も所有し、過去最高益を出し続けていた中小企業を私は何社も取材していた。こういう話はマスメディアでは、まず報じられない。

最初から、「こう報じる」という方向性は決まっているのである。それに見合った素材を集めてきているに過ぎないのだ。

「生活が苦しくなった」という報道も多い。しかし、実はくわしく見てみると「生活が苦しくなった」パーセンテージは減っていたりする。だが、そういう場合は数字だけが取り上げられる。こうして、社会への暗い見方が増幅されていく。

どんな情報をチョイスするのかはメディアが決めている。そこに、何らかのバイアスがかかっていることは理解しておいたほうがいい。

ベターな方法としては、海外のメディアを同時に見ていくことだ。日本のメディア報道とは、また違う報道が行われている。英語の勉強にもなって、一石二鳥である。

幸せになる技術 25

マスメディアとの接し方には十分気を付ける

幸せな人は、

普段をこそ大事にする

面接。プレゼンテーション。商談。上司とのミーティング……。言ってみれば、「本番」だが、多くの人が「本番さえ、うまくできれば」と考えている。

しかし、うまくいく人たちに聞いてみるとそうではなかった。**大事なことは「普段」だというのである。**普段は本番に出てしまうからである。

象徴的なインタビューだったのが俳優の松平健さんへの取材だ。松平さんの出世作と言えば26年続いたドラマ『暴れん坊将軍』だが、主役の徳川吉宗役に抜擢された後、安い居酒屋で飲んでいると師匠・勝新太郎さんに叱責されたという。

「将軍役なんだから、もっといいところで遊べ！　安い店に行っていると、それが演技に

出る。借金してでも高級店で飲め！　と」（「週刊現代」講談社　２０１３年１月19日号）

その後、松平さんはスタッフやレギュラー陣も引きつれて行くようになったという。

「そうすると、リーダーとして、みんなを楽しませよう、という気持ちにもなる。ただ、給料は上がったのに、遊びですっかりお金は消えてしまった（笑）。でも、遊びで得た〝信頼〟が大きかったからこそ、それがそのまま『暴れん坊将軍』の現場に活きてきて、結果的に回を増すごとにレベルの高いモノが出来るようになったんです」（同）

当初３カ月で終わると言われていた番組は26年も続いた。演技といっても、いきなり人の上に立つ将軍役はできない。普段やっていることが、本番ににじみ出てしまうのだ。

これは極めて本質をついたエピソードだ。「本番でいつもと違う自分を出せばいい」と考えても、実際にはそんなことはできない。**特別なときでも、結局出てきてしまうのは、いつもの自分なのだ。**

うまくいっている人たちは日常をこそ大事にしていた。規則正しい生活を送る。礼儀正しい態度を心がける。相手を気遣い、相手の立場を常に想像する。広い心で物事を眺める。時間を守る。いつも感謝の気持ちを持つ。お礼の言葉を口にする……。それこそ小学校で教えられる基本的なことである。

私はよく言うが、結局、日常はすべて顔に出てしまう。日本経済新聞の広告でこんなキャッチフレーズのものがあった。

「ある日、日経は顔に出る」

ちゃんと勉強していればそれは顔に出る。一方でズルい考えの人はズルい顔になる。卑屈な考えをしている人は卑屈な顔つきになる。

顔つきが何年かで変わってしまう人もいる。日頃からの思いや行動が変わると顔も変わってしまう。**顔はウソをつかない。**だから私は「友達は顔つきで選べ」とよく言う。実は仕事相手も顔つきをしっかり見る。

神様は汚いところにはやってこない

「普段が表に出る」という点ではもうひとつ、**身の回りをきちんとすること。**幸運にも、うまくいっている人たちのご自宅や別荘にお邪魔する機会が何度もあったが、散らかっている場面を見たことなどほぼない。

「目の前にある自分の環境は、心の縮図だ」と語っていた人がいた。荒れ放題の部屋に住んでいるとすれば、心の中も荒れ放題だということである。逆に、すっきり整理整頓されていれば、心の中もすっきり整理整頓されているということだ。

掃除や片付けは、たしかに面倒である。だが、「だからこそ掃除や片付けが大事なのだ」と気づかされた経験が私自身ある。

かつて住んでいたマンションには1階に広いテラスがついていたのだが、秋になるとそこに枯れ葉が次々に落ちてくる。毎朝落ち葉を片付けるが、翌朝にはまた落ち葉で一杯になる。「どうせ明日も落ちてくるなら、明日まとめてやればいいんじゃないか。それこそ時間のある週末にやればいいんじゃないか」という誘惑に駆られた。

しかし、もしかしたら人生の本質とはこういうことなのではないかと思った。**明日も落ちてくることがわかっていても、今日片付けない理由にはならない。**

こういうことをいい加減にやっていると、やがて心が乱れてくる。「まぁいいか」が口癖になり、どんどん庭が荒れていく。それが心地良さや幸せ感をもたらすわけがない。

取材でこんなことを言っていた人がいた。

「神様は、きれいなところが好きなんですよ。汚いところには来てくれませんよ」

玄関が汚れていたら、神様は家に入ってきてくれるかどうか。

ちなみに私は神社によく行く。とても気がいいからである。気がいい場所にいると、心が静まる。「実は神社は、社には意味はないのだ」と、ある神社への取材で知った。神社は場所そのものに意味があるのだ。そして神社は常に美しい。明日枯れ葉が落ちるとわかっていても、必ず掃除されるのである。

幸せな人は、
ズルや不正を絶対しない

数年前、一戸建てに住んでいるときにときどき不快な出来事があった。朝、道路に面したポーチを出るとタバコの吸い殻が落ちていたのである。人の家の前、しかも玄関ポーチの前にわざわざ捨てていく。缶コーヒーやビールの空き缶が放置されていたこともある。コンビニで買って飲みながら帰り、捨てたのだと思う。

「夜中に他に通っている人もおらず、誰も見ていないし、自分が捨てたとはわからないし、構わないだろう」と考えたのだろう。

ネット上でも、「誰も見ていないだろう」が起きている。象徴的なのは匿名の書き込みだ。掲示板、ツイッター、ECサイトのレビュー欄など、いろいろな場で罵詈雑言が書き連ねられている。中には目を覆うようなひどい言葉が使われていることもある。

ネットの匿名での書き込みに関しては、「天に唾吐く」と語っていた作家がいた。ひどい言葉を使っていると、自分自身に跳ね返ってくる。だから、ひどい言葉は使わないほうがいいのだ、というのである。

もっと辛辣《しんらつ》に「誰も見ていない」行動を批判していた経営者がいた。

「誰も見ていないと当事者は思っているが、一人だけ何が行われたのかを見ている人物がいる。それは誰あろう自分だ。**誰も見ていないから、匿名だから、と正しくないことをすることは、『自分は正しくないことをする人間だ、自分はダメな人間だ』と自らに刷り込んでいることなのである**」

正しくないことをしている自分に誇りが持てるはずがない。喜ばしいはずもないし、幸せな気分になれるはずもない。自分自身をどんどん毀損《きそん》していく。

飲食店で、ぞんざいな対応をする人たち

先に、学生時代に某政府系金融機関でアルバイトをしていた、と書いたが、社会的地位

の高い人ほど、学生アルバイトの私のようなサービスマンにも丁寧に接してくださる人が多い。逆に、ひどい対応、ぞんざいな対応をしてくる人もいた。これは、受け手にとって、とても悲しいことだった。就職してタクシーに乗ったとき、運転手さんにひどい口の利き方を先輩がしているのを見て、これも恥ずかしいことだと思った。

誰に対してもきちんと対応する。社長や上司に対しては誰だってきちんと対応する。だが、実はそうでないときこそ人間が問われるのである。

そのものずばりを取材で聞いて驚いた。しかも、それが外資系企業のトップ、著名なコンサルタントの発言だったからなおさら驚いた。ボストン コンサルティング グループで社長を務めた御立尚資《みたちたかし》さんである。御立さんは新卒で入社した日本航空で、アシスタントパーサーの仕事を経験していた。

「例えば、ファーストクラスでサービスなんかすると、本物感のある人がわかるわけです。自分のタイトルが自分の存在証明になっていて、サービスをする人間に対してひどい態度を取る人がいる。その一方で、社会的に高い地位にあるのに、我々のような人間にも、ものすごくちゃんと接してくださる方もいる。

今も、若いコンサルタントとタクシーに乗ったときに、運転手さんに偉そうな口をきく人間には怒ります。普段は声を荒げるようなことはないんですが、そういうときは真剣に怒るんです。こんなことをしていたら、どこまで行っても半人前にしかなれないぞ、と」

（『外資系トップの仕事力Ⅱ』）

幸せになる技術 27

誰も見ていなくても正しい行動をする

やはり、正しくないことは自分を毀損するのである。誰も見ていないところで、どんな行動を起こすのか。また、タクシーや飲食店でどういう態度を取るのか。それは、人間性を見分けるいい機会になる。

幸せな人は、

自然に触れて五感を磨く

取材をしたフランス人の音楽家は、大学でキャリアアドバイザーとしても仕事をしていた。「どうやって自分にぴったりの会社を選ぶのか」という質問に、彼はとても興味深い答えを返してくれた。

「会社は、〝五感〟で選ぶのがいい」

どんな会社が自分に合っているのか、どんな仕事が自分に向いているのかなど、やってみなければわからない。

だから会社に行って「感じてくるべきだ」という。受付の雰囲気、流れる空気、出入りする先輩社員たち、待っている取引先……。これだけでもたくさんのことが見えてくる。

さらに応接室に案内してくれる人の態度はどうか。面接官はどんな言葉を使っているか。話し方はどうか……。そういうところから会社の「正体」が見えてくるという。

たしかに、発信された情報だけを見ても、自分に合うかどうかなどわからない。しかし会社に行ってみれば「感じる」ことはたくさんある。

しかし音楽家はこうも言っていた。**「会社を『感じる』ための肝心の〝五感〟が、日本人はびっくりするくらいダメになってしまっている」**と。わかりやすい例として語ってくれたのが「もし今、日本人がジャングルに放り込まれたら、みんなあっという間に動物に襲われてしまうのではないか」というコメントだった。

動物の本能としての緊張感がなくなってしまっているというのだ。五感を研ぎ澄ませていけば、これまで見えなかったものに目が向くようになる。だから五感をもっと意識すべきだ、と。

では、五感を目覚めさせ鋭敏にする方法があるのか。**その最良の方法は、季節を感じ、自然を感じることだと語っていた。**森や公園に出かける。大きく息を吸い、風を感じる。草木に目を向かわせ、鳥の鳴き声に耳を傾ける。太陽の光を浴び、旬のものを口にする。これだけでも五感は戻ってくるという。

人間も動物である。自然には動物にとっての安心感が溢れている。私も教わって以来、心がけている。忙しいなら近くの小さな公園でもいい。それこそ観葉植物でもかまわない。緑の近くで過ごすだけで、気持ちの落ち着きは変わる。

詐欺に引っかからない人とは

「世の中には、詐欺に引っかからない人がいる」という話をしてくれた人がいた。映画監督の井筒和幸さんである。例えば一流の職人。五感を駆使し、感性で働く人たちだ。

「知能的な仕事であれ、肉体労働であれ、職能を極めている。しかも、社会をちゃんと見ていて、自分の意見を持っている。それが、職人です。社会のあり方、人間関係のあり方、家族のあり方。そういうことをよく知ってるし、考えてる。だから、職人にはうそは通じません。一流の職人が詐欺師に引っかかったなんて、聞いたことないでしょ」(『プロ論。』)

五感のアンテナがしっかり立っていれば怪しい人が見極められる、ということだろう。

実は私自身が驚くような経験を持っている。私は3つ目の会社が倒産して失業してしまうのだが、その会社の社長面接のとき、妙なことが起きたのである。どういうわけだか、後ろから誰かが引っ張っている気がしてならなかった。実際、途中で後ろを振り返ったのを覚えている。しかし誰もいなかった。面接の間中ずっと違和感があったが、私はそれを無視して入社を決めてしまった。社長の危うさに気づくことができなかった。

あの背中の引っ張りは何だったのか。「危ない会社に行くな」というシグナルだったのか。私自身の中の五感がアラートとして反応したのか。今となってはわからないが、危うい会社、危うい社長を私は見抜けなかったのである。

先にも少し触れたが、フリーランスになってから「どんな人と一緒に仕事をするのか」は極めて大事になった。取引先として危うい会社を選んでしまうと、支払がされなくなったりして、大変なことになるからだ。

私はもう25年も無事にフリーランスとしてやっているわけだが、「どうやって仕事相手を選んでいるのか」と聞かれたらこう答えている。

「直感」

あの面接以来、私は自分の直感を信じている。だいたい当たっているように思う。直感ではＮＧだったのに受けてしまうと、トラブルに見舞われる。そして音楽家への取材以来、積極的に自然と接し、自然を味わうことにしている。

幸せになる技術 28

直感や違和感を大事にする

幸せな人は、
不安を文字に書き出す

いろいろなことがうまくいかなかった20代、私はとても不安だった。だから、「不安とどう向き合えばいいのか」も、うまくいく人たちに聞いてみたいと思っていた。「成功してそれなりの名声や資産を手にすることができれば、不安はもうなくなっていくのではないか」と思っていたからである。

だが、それは違っていた。象徴的な取材で覚えているのが、作家でのちに経済企画庁長官も務めた堺屋太一さんだ。

「不安というのは消えないんです。私も不安はすごくあった。ようやく60代になってなくなった。それまでは心配ばかりしていました」(『プロ論。2』)

官僚出身でベストセラー作家、政府の要人まで務めた人が「不安は消えない」と断言したのである。芸能界で長くトップスターだった人からもこんな言葉があった。

「『明日すべてのレギュラー番組を失ってしまうかもしれない』といつも思っている。不安は常にある」

巨額の資産を手にした経営者も同じだった。いつ会社がうまくいかなくなるかわからない。資産があるからといって不安がなくなるわけではまったくない……。

みんな不安なのだ。実は誰しもが悩んでいるのである。街を歩いていると、悩みなんてなさそうな人もたくさんいるけれど、そうではない。幸せそうな人だって、成功者だって悩みのひとつは抱えている。

「不安は消えない」「悩みはなくならない」ということになれば、真正面から向き合っていくしかない。ではどう向き合えばいいのか、精神科医への取材で教わった。

ネガティブな感情というのは、そこから目を背けようとしたり、それを追い出そうとすればするほど、逆に強固になってしまう。

そして不安をもたらしている理由についても教わった。それが「ぼんやりとしているから」である。**はっきりしていないから不安や悩みになるのだ。**そこから逃げようとすればするほど、不安に襲われる。

やるべきことは、不安や悩みと真正面から向き合うことだ。どんなものが不安をもたらしているのか明らかにする。すると大きな不安や悩みに襲われたり、不安にや悩みに押しつぶされたりすることがなくなる。

思ったことを文字にする機会を作る

不安をぼんやりとしたものにさせないための有効な方法がある。**文字にしてしまうことだ。**不安を「見える化」してしまうのだ。

コラムニストの勝谷誠彦さんがインタビューでこう語っていた。

「若い人の中には、迷ったり、悩んだりしている人も多いと聞きます。そんなときには、

文字にしてみることを僕はお勧めしますね。メモを取る。日記を書く。なんとなく頭の中でもやもやしているから、迷ったり悩むんです。文字にすると、もやもやは消える。（中略）もやもやの原因が整理されて、ずいぶんすっきりすると思いますよ」（『プロ論。2』）

今や仕事でメールを書いたり、プライベートでSNSに書き込みをしたりして、文章を書く機会は格段に増えている。しかし「自分について書く機会」というのは、実はほとんどないのではないか。

誰かに見せることを前提に、自分の体験や感想を書くのではなく、自分の本当の気持ちを吐露できるような機会を持つ。苦しい思いや辛い思い、不安や悩みについて思い切って書き綴《つづ》ってみる。

そうすることで、自分の中の、モヤモヤをクリアにできる。不安や悩みを明らかにできる。文章にするのがやっかいなら、手書きで言葉を書き連ねるだけでもいいと思う。

実際、どうにも不安だったりモヤモヤしていたけれど、文字にしてハッとすることがある。「なんだ、こんなことで悩んでいたのか」と気づけたりする。**文字にすることで見え**

る化すれば、冷静に向き合うことができるのだ。

自分が考えていること、思っていることを文章にしていく時間はどんどんなくなっている。だから、意識的にその機会を作っていくしかない。そうすることで、自分は何に不安を感じているかを理解し、不安をやわらげることができるのである。

幸せになる技術

29 自分が抱えている不安の正体を明らかにする

幸せな人は、
笑顔を意識的に作る

不安なとき、幸せ感が薄いときにこそ、やったほうがいいことがある。**「笑顔を作る」**ことだ。笑い顔になるのである。

これは、アメリカの大学の研究者が科学的に証明しているという。教えてくれたのは、ビジネスアピアランスの専門家、木暮桂子さんだ。

「笑顔を作ると、自分は幸せであるという指令が脳に出るんです。驚くのは、実際には辛い状況が続いていて、作り笑顔だったとしても、自然に笑顔になるのと同じ効果が得られると科学的に証明されていること。無理に笑顔を作ることで、脳が幸せだと誤解をしてしまうんです」

笑顔を作るとそのための筋肉の動きが脳に作用する。すると脳が幸せだと認識し、エンドルフィンという快楽物質を分泌する結果、気分が明るくなるという。

実際、医療の分野でも笑うことで治癒力を高めたり、免疫力を高めたりするケースが出てきているという。

「だから大事なことは、意識的に笑顔を作っていくことです。そうすることで、幸せな気分になれる。おそらく周囲からの印象も良くなるはずです。そうすれば、ますます幸せになれる機会が増える」

私は木暮さんの書籍『印象はしゃべらなくても操作できる』（サンマーク出版）をブックライターとしてお手伝いしたが、彼女の研究がなかなか興味深かった。

コミュニケーションといえば、言語を使ってメッセージを発信することをイメージするが、実はメッセージは言語によるものだけではない。「非言語コミュニケーション」からもメッセージが発信されている。

しかも、このメッセージのほうが言語のメッセージよりも大きな印象を残す。**黙って何も言っていないのに勝手にいろんな情報が発信されてしまっているのである。**さらに、間違った情報を発信してしまっていることが少なくないという。

例えば表情。いつも怒っているような表情の人がたまにいるが、聞いてみると怒っているわけではまったくなかったりする。ただ単に眉間にしわを寄せるのがクセになっていただけだった、というのである。

「部下がなかなか相談に来てくれない」という中間管理職に会ってみたら、まさにこれだったのだという。部下からすれば、「いつも怒っているようなのでなかなか近づけなかった」というが、本人はまったくそんなつもりはなかったそうなのである。

歩くときに、小さな歩幅でのろのろ歩いていると、とんでもなく自信のない人に見えてしまう。本人にその意識がなくても、周囲からはそう見えてしまっているのだ。

実際、話をしている姿や歩いている姿をビデオに撮ってクライアントに見せると、驚かれることが多いという。「自分はこんなに感じが悪かったのか」と。

「非言語コミュニケーション」の重要性

先に「普段は本番に出る」と書いたが、恐ろしいことに、**顔だけではなく、素振りやふるまいから意図せず普段が本番に出てしまう可能性がある。**

そのときだけ頑張ろうと思っても、そうはいかない。普段がすっかりダダ漏れしてしまっているからだ。

「自分はこんなふうに思われているはずだ」という自分と、周囲から見えている自分との間には実は大きな乖離があることが少なくない。

下を向いて歩いている姿ばかりが印象に残っているかもしれない。いつも眉間にしわが寄っている人、と思われているかもしれない。

どうして自分は周囲からこんなふうにされるのか、というとき、実は自分の「非言語コミュニケーション」に問題があったということもありうるのである。

そこで大事になるのが、笑顔なのだ。**笑顔の人に悪い印象を持つ人はいない。**やはり人が集まってくるのは、明るい人である。

昔からの言葉に「笑う門には福来たる」があるが、さすが長く言われ続けている言葉には真意が潜んでいる。笑っている人にこそ、福は集まってくる。

笑顔でいることは、特別な技術を必要とするわけではない。心がけひとつで、できることだ。だったら笑顔を心がけたほうがいい。

幸せになる技術 30

自分が発している非言語メッセージを意識する

幸せな人は、

考えてもわからないことを悲観しない

情報誌の特集企画で、4人の会社員の座談会が開催された。私はそれを記事にまとめる役割だったのだが驚いた。「未来についてとにかく心配」という声が強かったからだ。

独身の若い人は、結婚後や子どもを持った後のことを心配していた。結婚式の費用は大丈夫か。配偶者は見つかるのか。子どもが生まれたら、それなりの収入がないと教育費がまかなえないと聞いている。私立の学校に入れたいと思っているが、大丈夫か不安だ……。

結婚をして役職を手に入れられそうだという人は、管理職になった後のことを心配していた。きちんとマネジメントできるか。部下はついてきてくれるか。上司にきちんと評価してもらえるか……。

30代ながら、老後の心配をしている人もいた。自分たちの頃は年金がもらえなくなっているかもしれない。早くから備えをしておかないと大変だ……。

「今、どんなことが気になっているのか」というテーマの座談会だったので、心配ごとが出てくるのは当然だ。未来について危機感を持ち、備えをしておくことも大切だろう。

だが実のところ、未来のことは誰にもわからない。

ラグビー界で頭角を現し、日本代表監督も務めた平尾誠二さんがインタビューでこんなことを語っていた。

「不安を感じている間って、自分らしく生きていられないいんですよ。なるようにしかならないですからね。それよりも、自分の好きな道を進めって、自分に言い聞かせているんです。

今は大変な時代です。いろんな問題が噴出している。この先、日本はどうなるか分かりません。でも、こんな時代だからこそ、自分で今を悔いなく過ごすことが大切になってきていると思うんです。今、この場をどう過ごすか。先がどうのこうのじゃない。今がどうかということが大事なんです。

時間って命の一部なんですよ。今の時間を大事にできない人は、未来の時間もきっと大事にはできない。ここで自分らしく生きることができない人には、次なる道は開けない気がするんです」（『プロ論。』）

50代でまさかの早逝をされた平尾さんだけに、この言葉は重く響く。

未来にネガティブなイメージを持たない

老後を心配する人は多い。たしかに、年金だけでは食べてはいけそうにないと明らかになってきている。ただ、ある経営者がとても興味深いことを語っていた。**「ネガティブなイメージを持っていると、それがそのまま実現してしまうかもしれない」**という。

だから彼は、そういうイメージをもたらすきっかけになるものには絶対に近づかないと言っていた。彼がやっていたのは、**うまくいっていることだけをイメージすること**だ。老後も、幸せに暮らしているシーンを思い描くと、幸せな気分にもなれると語っていた。

幸せになる技術 31

ポジティブな未来だけをイメージする

未来がどうなるかなど、どのみち考えてもわからない。であるならば、徹底的に良いイメージで考えてしまったほうがいい。逆に不安ばかりを持っていたら、その通りになってしまいかねない。

いくらお金を貯めていたとしても何歳まで生きるのかわからない。いくら必要になるのか計算のしようがないのである。何が起きるのか、完璧なシミュレーションもできない。

また、未来のことはわからないから不安になるわけだが、**「1年後くらいなら想像はつく」**と語っていた人がいた。遠い未来ではなく1年後を考えてみる、ということである。

1年後、どうなっていたいのかイメージする。1年後までに何ができるか。何がしたいか。紙に書いてみる。そうすると、意外にできることがたくさんあることに気づける。

幸せな人は、

変化を受け入れる

うまくいった人々に取材をして、ハッとさせられた視点がいくつもあった。

例えば、**「人間は所詮、自然界の生き物のひとつだ」**ということ。生き物には生き物として最初から備わっている特性がある。その多くが人間にもあてはまるのである。

印象深く覚えているのは、「動物はそもそも変化が苦手だ」ということだ。**人間が安定や安心を求めるのは当たり前で、生き物としての本能なのである。**

人間は同じところにずっと居続けたいし、同じことをずっと繰り返していたいという本能的な欲求がある。だから変わることが苦手なのである。周囲の環境が変わることで大きなストレスがかかるし、自分自身を変えなければいけないときには痛みを伴う。それは生き物として仕方がないことなのである。

ただ、ずっと同じ場所にとどまり同じことをし続けることはできない。環境が変わるからである。ダーウィンの進化論でも、強い種ではなく「変われる種」が生き残るとされたのは、環境がどんどん変わるからだ。

むしろ、ひとつの環境に適応し過ぎてしまうと、変化に対応できなくなってしまう。**大事なことは、変化に対する耐性を付けておくこと**である。

ずっと同じではいられないと認識し、変化を覚悟すること。生き物としての本能がそうでないがゆえに、これは心得ておかないといけない。そうしないと辛い思いに直面する。**変わることは前提であるという認識を持つ**ことだ。

もうひとつ、生き物にとって大事なものは何か。間違いなくそのひとつに入るのが食べることである。車の動力源はガソリン。パソコンの動力源は電気。では、人間の動力源は何か。何が足を動かし、脳を動かしているのか。外から身体に取り込む「食べるもの」なのである。

このことに気づくと、食べるものには慎重になる。精度の高いガソリンのほうがエンジンはよく動くように、**良いものを食べないと良いアウトプットにはつながらない。**

私には著書『ライザップはなぜ、結果にコミットできるのか』（あさ出版）がある。その制作過程でライザップに通い、実際に体重8キロ減、ウエスト12センチ減のダイエットに成功し、その後もキープし続けている。

このとき学んだのが食事の重要性だった。端的に言えば、食べなければいけないのはたんぱく質だ。肉や魚、豆腐や卵などのたんぱく質こそが身体を作ってくれている。

ご飯やパン、麺類などの糖質はお腹を満たすが、これはエネルギー源に過ぎない。エネルギー源は余ると身体に蓄積されてしまう。これが、肥満をもたらす。

実際、歳を取って喉ごしがいいからなどと麺類ばかり食べると、筋肉は衰え、逆に脂肪が増えてぷよぷよになりかねない。高齢者こそ肉を食べないといけないのだ。

しかし、エネルギー源のほうが食べやすいし、値段も安く、メニューも多い。どうしてもそちらに傾く。だから意識してたんぱく質を摂るようにしたほうがいい。**人間は、食べ物で動いているのだから、妙なモノを食べて最高の力が出るはずがない。**

評価を変えたいなら、自分を変えるしかない

日常的に大きく心を乱すものについても、たくさんの取材で示唆をもらった。例えば、「周囲からどう評価されるか」。もちろん誰しも周囲からの評価は気になるし欲しい。しかし、そこに落とし穴がある。

評価をするのはあくまで他人なのだ。自分ではない。自分では「こんなに頑張っているのに」と思っていても、周囲から見れば「ぜんぜん頑張っていない」ということも起こり得る。

そこでイライラしたり自分の言い分を連ねたところで、評価が変わるわけではない。評価は他人がするものだからである。他人がした評価は誰がなんと言おうと変わらない。

今も覚えている取材がある。サッカー日本代表のとあるストライカーだ。代表チームには、凄いプレーヤーがたくさんいる。だが先発できるのは11人だけである。

そこで、「先発を選ぶ監督に、自分の真の実力を知ってもらうために何をしているのか」

と問いかけた。答えは、極めてシンプルだった。「何もしない。ただ監督に委ねる」という返答だった。

日本代表チームの目的は勝つこと。そのために監督はベストな戦略を描く。そこで自分がどう使われるかは、監督が決めることだという。当たり前といえば当たり前だが、あまりにあっさりと答えたので驚いた。だが、これぞプロの世界だと思った。

大切なのは評価してもらおうとすることではなく、自分がやるべきことをきちんとやること。あとは委ねる。**評価を変えようと思ったら自分を変えていくしかない。**

幸せになる技術

32

変化に強くなり自分から変わる

幸せな人は、

「自分は運がいい」と考える

振り返れば、フリーランスになってからの私自身の25年間は、とんでもない幸運の連続だった。

私がフリーランスになった1994年はバブル崩壊が明らかになり、大手銀行が破綻していく金融不況に突入する直前だった。景気は悪かった。独立のタイミングとしてはまさに最悪である。

私がメインで手がけていた中途採用の求人広告も不況だったが、活気づいていた領域があった。社員以外の募集である。私がよく手がけたのは、損害保険代理店を目指す研修生募集の広告だった。

損害保険会社は代理店を通じて保険を販売するが、代理店は社員ではない。3年間は給料をもらいながら研修を行い、それから独立していく。

不況で社員募集はどんどん減ったが、このタイミングなら研修生の応募が増えると、損害保険各社がたくさん広告を出稿したのである。私はこの仕事をたくさんした。

そうすると**「あの人は金融にくわしい」というイメージが勝手についた。**やがて新卒採用の部門からも、金融の仕事で声がかかるようになった。生命保険、証券、銀行の仕事に広がった。創刊したばかりのマネー誌からも声がかかった。

さらに大手広告代理店からも声がかかり、外資系証券のプロジェクトに加わった。するとクライアントの部長が私を気に入ってくださって、彼が転職してもまたお声がけをもらった。

そして彼がさらに転職。それが外資系の銀行だったが、そこで頭取の本を作るプロジェクトが立ち上がった。ここで私に「やってみないか」となったのである。

本など書いたことがなかったが、お引き受けをした。ここで紹介されたのが出版社の書籍編集者だった。

最初の打ち合わせの帰りに編集者は言った。

「銀行の人がライターを連れてくるなんて、こんなことはない。よほど金融にくわしいんですね。もう1本、証券会社の元副社長の本があるのでやってみませんか」

その場で2冊目の本が決まってしまったのである。その後も、次々に仕事をもらい、ヒットを出すことになる。

本書に出典としてたびたび登場する『プロ論。』シリーズも、彼女が編集担当である。このシリーズは40万部を超えるヒットになり、多少なりとも恩返しできたと思っている。

他でも、リクルート社内の異動で別の部門や編集部とつながりができたり、新しくフリーペーパーを出すプロジェクトに加わったら、外部ライターの人に出版社を紹介されたりしたこともあった。

会社を作ったら税理士さんの紹介で大手出版社とつながったり、講演先でアシスタントの人と名刺交換をしたらなぜか大手コンサルティング会社の仕事をすることになったり……。

書けばキリがないが、まるで「わらしべ長者」のように仕事が広がっていった。

自分は運がいい、と思い込む

どうして私は幸運を手にできたのか。これは主宰している塾でもいつも語っていることだが、**運を良くするシンプルな方法がある。**

そのひとつが**「自分は運がいい」と思い込むこと**である。

私は、うまくいっている人たちにたくさん取材したが、当然ながらみんな運がいい。それを公言していた人も少なくなかった。ひとりとして「運が悪い」と言っている人はいなかった。

要するにこういうことだ。「運が悪い」と思っている人に、いい運が舞い込むとは思えない。だったら「運がいい」と思ったほうがいい。思い込んでしまったほうがいい。

もちろん、いいことばかりが起きるわけではない。だが、それも含めて「運がいい」と捉えてしまうのだ。ネガティブなことも、実は幸運なことにつながるかもしれない。

だから、自分は「運がいい」と思い込む。これは誰にでもできる。極めて簡単なことなのだ。それこそ私の唯一の自慢は、運のいいことだと思っている。

もうひとつは、**「運のいい人と付き合う」こと**である。

運のいい人と付き合っていると、間違いなく運気は上がる。チャンスに巡り会える可能性も高くなる。

取材で出会ううまくいっている人たちの中にも、「運のいい人と付き合う」ことの大切さを語っていた人がいた。運のいい人、良さそうな人は、それとなくわかるものである。

いつもポジティブな人。明るい人。はつらつとした人だ。

逆に、文句ばかり言っていたり、クヨクヨしてばかりだったり、「それはやめたほうがいい」「これこれは絶対こう」などと可能性を狭める人に、運のいい人はあまりいない。

少し自慢すると、私の塾に来る人は、みな運気がどんどん上昇していく。卒塾後、大活躍をしている人も多い。顔つきが変わる人もいる。

それは、気持ちの部分がとても大きいと思う。そして、運が良くなった人たちが集って、さらなる相乗効果を生む。

ただしどこで運気が急上昇するかは人それぞれである。すぐに上がる人も、後から上がる人もいる。だから私が伝えているのは**「自分の運を信じる」**こと。そうすれば、間違いなく幸運は待っている。

それこそビスケットの缶の話で書いたように、人生の後半に大きな幸せがやってくるのかもしれない。それを楽しみに待ったらいい。

幸せになる技術 33

運がいいと思い込み、運のいい人と付き合う

第5章

幸せな人が「ありがとう」を口癖にする理由

死ぬまで悔いのない人生を送るために大切なこと

幸せな人は、

人生の理不尽さを知っている

自分の子どもが生まれてからずっと言い続けてきたことがある。**「現代の日本に生まれただけで、もう90点もらっている」**ということだ。

内戦もない。飢餓の恐怖もないし、泥水を飲まなければいけないわけでもない。命の危険にさらされることは、ほとんどない。安心して夜の街でも歩けて、24時間開いている店があって、贅沢を考えなければ、欲しいものはほとんど買える。教育制度が整っていて、学びの機会はいくらでもある。働く場の選択肢はとても広くて、しかもそこに就けるチャンスが多くの人にある。

オリックスの元会長、宮内義彦さんへのインタビューを今もよく覚えている。戦前生まれの宮内さんは、こんなことを語っていた。

「この時代は日本の歴史の中で、最も恵まれた時代なんです。最も豊かで、最も自由な時代です。（中略）不況や株価低迷で命が取られるわけではない。大きな時代の流れの中では、ささいなことです。忘れてはならないのは、全体のレベルとして、日本は歴史始まって以来の繁栄を謳歌《おうか》しているということです。（中略）

ほんの数十年前まで、この国では青年将校が決起したり、都市に爆弾が落ちてきた時代があった。それを考えれば、この状況で文句を言ってどうする、頑張らないでどうするというのが私の意見ですね」（『プロ論。』）

最もやってはいけないことは、自分の不運さばかりに目が向いてしまうことである。そして、それを誰かのせいにしようとしてしまうこと。しかも、「国のせい」「景気のせい」「会社のせい」「リーダーのせい」など、実体がぼんやりしているものがスケープゴートになりやすい。

ある作家が、取材でこんなことを語っていた。

「ないものを数えるのではなく、あるものを数えなさい」

安易に誰かや何かのせいにする前に、自分としっかり向き合ってみることだ。そうすれば、思いのほか、自分がたくさんのものを手にしていることに気付ける。

「ないもの」ばかりに目が向くか、それとも意外にたくさん持っている「あるもの」にちゃんと目を向けられるか。それだけでも幸せ感はまったく変わる。

もちろん苦しい状況の人もいる。しかし、「あるもの」もあるはずだ。そこにしっかり目を向ける。「ないもの」をいくら眺めても、何も生み出さない。

そもそも人生は不条理で不公平

文学専攻のある大学教授に取材をしていたとき、突然、彼が質問を投げかけてきた。

「上阪さん、ドストエフスキーを読まなければいけない理由を知っていますか?」

私がキョトンとしていると、彼はこんな話をしてくれた。

「ドストエフスキーの小説には、人間というもののすべてが詰まっているんですよ。特に、人間が生きる世界がいかに理不尽で、無慈悲で、不平等で、不合理で、残酷なものであるかが語られている。それを理解して生きるのと、まったく理解しないで生きるのとでは、人生は大きく変わっていくんです」

何か不運なことや、苦しいことが起きたとき、誰しもこんなふうに思ってしまいがちである。「どうして自分だけ、こんな目に」「こんな努力をしているのに、どうして結果が出ないのか」「あいつはあんなにいい思いをしているのに、自分は……」。

しかし、もし**「そもそも人生は不公平で不平等で極めて厳しいもので、ラクな道など、もともとない、ありえない」**と最初から認識していたら、どうか。

うまくいく人たちにたくさん取材して感じたことがある。

大変な努力や苦労をして、大きな成功を手にしたわけだが、本人たちはそれを大した努力や苦労だと思っていなかった。苦しいことは当たり前だと思っていたのだ。

私自身のうまくいかなかった20代は、何かに期待し、幸運を待ち望み、努力が結果につながらないことに怒り、自分を責め続けた。だが、**苦しいことは当たり前だと思えるようになった30代から、人生は大きく変わった。**

生きていくのはそもそも大変。ラクをして生きられるなんてない。努力は必ずしも報われない……。そう思えば、そのつもりで行動する。自分に納得できる。

何度も「不運だった暗黒の20代」について書いたが、振り返れば、勤務する会社があり、給料がもらえ、寮にも入れて、休日も向かうほどに夢中になれた仕事に出会えた20代は、むしろ幸運でさえあったと今は思っている。

「ありがとう」という言葉は「有り」「難い」が語源である。**感謝できること自体、実は滅多にないことなのだ。**

小さな喜びを、どんどん喜んでいかないといけない。ささやかな日常を、とことん楽しんでいかないといけない。実は極めて「ありがたい」ことだからである。

その幸せを、幸運さを、しっかり享受していくためにも。

幸せになる技術 34

「そもそも人生は不公平で厳しいもの」と考える

幸せな人は、

「夢」と「目標」を区別する

目指すものやゴールを持つのは極めて大切である。自分の幸せが定義できておらず、ゴールも定まっておらず、どこに向かっているのかわからない船に乗っているのでは、幸せになりようがない。

だが、**「目指すものを考えるときに注意しなければいけないことがある」**と語っていた人がいた。

10年間にわたって世界ランキングトップ30位内の座を維持した元プロテニスプレーヤーで、テレビコメンテーターとしても知られる沢松奈生子さんだ。

「夢と目標は必ず別に持ってほしい、ということです。夢はとことん大きくてもいい。で

も、夢と目標を一緒にしてしまうと、人生は辛いものになります。例えば、ウインブルドンで優勝することを目標にする。この目標を果たせる人は毎年、世界に一人しかいません。これでは、目標達成は極めて大変です。

夢と目標を一緒にしてしまうと、モチベーションを持って頑張り続けることが難しくなるのです。だから、夢は夢、目標は目標で持つ。目標は、ちょっと努力すれば届くものにする。頑張ったら、達成できるもの。そして、ちょっとずつ階段を上ることで、夢に近づけるようにする」（ペルソン　講演依頼.com 新聞　スペシャルインタビュー　vol.76）

夢と目標は一見、似たものに見えるが、一緒くたにしてはいけない。実現可能性が限りなく低いものを目標にしてしまうと、達成はとても難しくなる。

だからそれは夢にする。そして、目標は「ちょっと手を伸ばせば届くところ」に置く。少しずつクリアしていけば着実に成長も実感できて、大きな夢に近づくことができる。うまくいく人でも、すんなり目指すものが手に入るわけではない。そうするとモチベーションの維持が難しくなる。

目指したものに到達すれば、また頑張ろうと思える。**だから小さな目標、手の届きそうな目標を据える。**うまくいく人は、自分の喜ばせ方がうまいのだ。

沢松さんもそうだが、一流のスポーツ選手の考え方は、ビジネスパーソンはじめ、多くの人にとても貴重な示唆を与えてくれる。目標への向き合い方やメンタルのコントロールなど学ぶべき点はとても多い。

夢は知識。知らないと見られない

夢や目標といえばもうひとつ、**「夢や目標」と「目的」もまた違う**ということを教わったのは、自己啓発書籍をたくさん出されている山﨑拓巳さんへの取材だった。

夢や目標というのは、「こうなりたい」という自分の姿。しかし、その向こうに大事なものがあることに気づいている人が少ない。

それが「目的」である。お手伝いした書籍『拓巳流　人生の掟』（ヒカルランド）ではこう綴《つづ》られていく。

「たとえば、「どんな夢がある？」と聞かれて、

「料理人としてレストランを経営したい」と答えます。

実はこれは、目標です。

「では、それが叶ったら、どうする？」

「多店舗展開にします」

これも、目標です。

「じゃあ、多店舗にしたらどうするの？」

「そうですね、お客さまが自分の記念日にやってきて、家族や愛している人たちと一緒に、一生忘れられないような最高の時間を体験して、笑顔で帰ってほしいんです」

これこそ、目的です！」（『拓巳流　人生の掟』）

「年収1000万円を稼ぎたい」「独立したい」というのも目標。これが「学んだことを使って、いろんな人生に関わって〝ああ、生きてて良かった〟〝人生は面白い〟とみんな

に思っていただきたい」となると目的になる。

夢や目標は「自分のため」である。目的は、それをどう世の中や多くの人に役立てるか、ということ。「誰かのため」だ。

多くの人が目的を意識せず「自分のため」として夢や目標を語ってしまう。これが達成の大きな足枷《あしかせ》になっているという。「自分の話」は誰も応援してくれない。しかし「誰かのため」となると違うのだ。

山﨑さんは「目的がはっきり見えてくると、夢や目標を誰かに語りたくなる」と言っていた。「こんな夢やワガママを目指してもいいのかなという罪悪感がなくなっていくのだ」と。**「誰かのため」なら、夢やワガママも堂々と語れるのである。**

もうひとつ、同書の取材で興味深かったのが、「夢は知識」という点。夢と一口に言うけれど、知っていることでなければ描けない。イチロー選手が大リーグを知らなかったら、大リーグ行きは夢にはならなかった。

もしかすると、世の中にはもっともっと自分をワクワクさせる夢があるのかもしれない。それなのに、単に知らない可能性があるということだ。

山﨑さんは、セミナーで夢を100個書いてもらうという。多くの人が書くことができない。夢を描く知識がまったく足りない自分に気づく。

閉じた世界に閉じこもっていると、ワクワクするものがどんどんなくなっていく。もっともっと広い世界があることに気づいたほうがいい。

幸せになる技術 35

「誰かのため」を考えた「目的」を作る

幸せな人は、
大きな「目的」をイメージする

フリーランスになって間もなくの、ひとつの取材を今も鮮明に覚えている。多くのメディアが盛んに取り上げたベンチャー企業の若い経営者への取材だった。

代官山のオフィスは社長の素晴らしいセンスでインテリアがデザインされ、それまで見たことがないほどお洒落《しゃれ》だった。私とほとんど年の変わらない社長は、自信満々にいろんなことを語ってくれた。正直、私はものすごく羨ましく思った。

そのとき社長は自分の年収を明かしてくれた。3000万円だという。ここまで語ってくれたならと、私は踏み込んでストレートな質問をしてみることにした。

「どうしたらこんな会社が作れて3000万円もの収入が得られるようになりますか？」

社長はにこやかに私の顔を見て、こう教えてくれた。

「簡単ですよ。とにかくイメージするんです。それも、できるだけ具体的に、詳細に。お洒落なオフィス、とかじゃなくて赤いソファとかイタリアンっぽいカーペットとか、ガラスのテーブルとか。観葉植物はこんなもので、こんな絵が額に飾ってあって。建物の地下に駐車場があって、そこに緑のドイツ車が停まっていて、とか。収入も、実際に通帳に振り込まれている金額をイメージしてみるんです」

のちに「思考は現実化する」といったテーマの書籍がさまざまにあることや、イメージを持つことの重要性は改めて知るが、この話を聞いたのは私には初めてだった。

当時は、失業したときに住んでいたマンションにそのまま住んでいたが、せっかくなのでイメージを深めてみた。自分が住んでみたい家。どんな建物なのか。床の色はどんなものか。カーテンは何色か。欲しい車もイメージしてみた。

こういうイメージを始めると、必然的にそういうものにアンテナが働くようになる。書店に行くと知らず知らずのうちにインテリアや住宅の雑誌に目が向くようになった。車の雑誌にも目を通した。ますますイメージは詳細になった。

驚くべきことだが、私はそれから2年も経たないうちに当初イメージしていたもののほとんどを手にした。社長の言葉は本当だったのだ。これには自分でも驚いた。収入は、独立1年目から前職の2倍を超えていた。まさに、思考は現実化したのである。

「わかりやすい成功」に惑わされてはいけない

ただ、この話には続きがある。それから数年後、再度、社長にインタビューする機会を得た。「とにかく詳細にイメージすることで本当に実現した」と私がお礼を言うと、彼は表情を変えてこう言った。

「いや、それはもう取り消しをさせてください。違っていました」

社長曰《いわ》く、自分で詳細にイメージするのは、どうしても「自分のため」になってしまう。先の「夢や目標」と「目的」の違いである。モノを手に入れるなど、達成してしまったら次の頑張りのエンジンを失ってしまう。

「だから、違うモチベーションエンジンを持ったほうがいい。**モノやらお金やら、そんな薄っぺらな成功を目指しちゃいけない。それでは本当の力は出て来ない。もっと大きなス**

ケールで、大きな目的で仕事を考えたほうがいい」

私はこのあたりから、自分の仕事における「誰のために」がはっきり見えた。それが**「読者のため」**だった。「必要とされていること」が大きなモチベーションエンジンだった私には、仕事を発注してくれる人たちが真っ先に浮かんだ「誰か」だったが、彼らに報いるには何が大切なのか。それが次第にわかったのだ。

読者への貢献である。「読者のため」を実現させ、読者の評価を得られれば、結果的に発注者のためになる。ここから「読者のために仕事をしよう」「読者のためにいいものを作っていこう」という思いを仕事の目的にしようと思った。

しばらく社長に会うことはなかったが、10年ほど経ってから偶然、仕事を一緒にすることになった。彼の会社は数百億円の売り上げを持つ超優良企業になっていた。

社員の満足度が極めて高く、新しいチャレンジに次々に踏み出していた。そして社長は、あえて表舞台に出なくなっていた。今は知る人ぞ知る会社、社員に心から愛される会社になっている。

私はのちに**「モノやお金、世間的な称賛は第一ステージに過ぎなかったんだな」**とわかった。うまくいく人たちは常にその先を見ている。一時的にうまくいくことはそれほど難しくないのかもしれないが、長くは続かない可能性が高い。
世間で言う「わかりやすい成功」に惑わされてはいけない。そんな気付きのヒントになった取材である。

幸せになる技術 36

世間的な賞賛のその先をイメージする

幸せな人は、

「ありがとう」をよく口にする

3000人以上に取材し、幸せとは何かを考え、ようやく言語化できた言葉がある。

「誰かの役に立てることこそ、最大の幸せである」

私自身が失業をしたとき一番ショックだったのは、「世の中の誰からも必要とされていないのではないか」という疎外感だった。だから仕事の本質は役に立てることにあるのではないかと、おぼろげに思っていた。その後、自らの書籍でこんなフレーズも使っている。

「誰かの役に立てることを仕事という」

このことを確信した取材があった。ある評論家への取材で聞いた衝撃的な話だった。

ある介護施設に、とても礼儀正しい高齢の女性がいた。寝たきりでほとんど動けないが、介護士に介護を受けると必ず丁寧な「ありがとう」を口にしたという。あるとき、あまりに丁寧な対応に感動した介護士が彼女にこう言った。

「やっぱり、ありがとうを口にするのは、素敵ですよね」

ところが、高齢の女性はいきなり怒り出したという。そして泣きながらこう言った。

「私は『ありがとう』なんて口にしたくない。『ありがとう』を言ってもらいたいんです」

高齢の女性は役に立ちたかったのである。喜ばせる喜びを感じたかったのだ。

これこそ仕事の本質、生きることの本質ではないかと、ハッとさせられたエピソードだった。

すべての仕事に「ありがとう」が潜んでいる。どんな仕事も「誰かの役に立てること」をやっているからである。

誰かの役に立ち、ありがとうと言ってもらえることをしている。このことに気づけば仕事は楽しくなる。仕事人生はまったく変わっていく。

人生は「今日」の積み重ねである

「仕事が楽しくない」という人も少なくないと聞く。いろんな事情はあるのかもしれない。「本意でない仕事に配属になってしまった」「やりたいわけでもない仕事をせざるを得ない」「人の役に立てていると実感しづらい」「ただただ時間が過ぎるのだけを待っている」……。

ただ、フルタイムで働いているのであれば、1日の3分の1は仕事で過ごさなければいけない。起きている時間の大部分を過ごす時間がつまらなかったり、苦痛だったりすれば、これほど悲しいことはない。

たしかに、「誰かの役に立っている」と実感しづらい仕事もある。だが、だからこそ考えてみてほしい。**誰のために、どう役に立っているのか**を。自分の仕事で誰が喜んでくれているのか。そして、それを整理し自覚する。それだけでも、意識は変わる。

例えば営業はとてもわかりやすい。しかし経理の仕事だって、見えにくいだけで役に立っている。経理がいなければ経費の処理もできない。売り上げの計上もできない。経理がいてくれるからこそ営業は自分の仕事に集中できる。

あらゆる仕事にこうした構図がある。そこに気づければ「ありがとう」と言われていることがわかる。**もし「ありがとう」を言う機会、言いたい機会があれば、どんどん口にす**

ることだ。それは相手に、役に立っていることを実感させられる機会だからだ。

欧米では、労働は苦役のイメージがある。だから彼らが目指すのは早期のリタイヤである。お金持ちになってフロリダで遊んで暮らす。そんな夢を持っている人もいる。

だがお金持ちになってフロリダに行っても、シリコンバレーやウォール街に戻る人も少なくない。当然だ。フロリダで遊んでいても誰の役にも立てないからである。

遊んで暮らせるお金があるのに、わざわざ大変な起業、投資の道に戻ってくる。これこそまさに仕事のなせる業ではないか。こんなことを言っていた女性起業家がいた。

「人生を充実させたいと考える人はたくさんいますよね。だから人生について、いろんなことを考える。でも**『今日を充実させよう』と考える人は意外に少ないんです。**実際には人生は今日の積み重ねですよね。今日が充実していなかったら、人生は充実しないのに」

幸せになる技術

37 自分の仕事に潜む「ありがとう」を見つける

幸せな人は、

成長すべき理由を知っている

「誰かの役に立てること＝幸せ」

このことに気づいてから、どうして人が成長していかないといけないのかにも気づけた。

理由はシンプルだ。**成長できれば、より大きく役に立てる、それだけ役に立つことが増えていく、自分の喜びも大きくなる**からである。

結果を出したい、評価されたい、稼ぎたい、とギラギラしているわけでもないのに、ときどき成長意欲がすこぶる強い人に出会うことがある。

それは成長することがうれしい、楽しいというのも、それだけ大きく役立てるようになるから。それだけ多くの人を喜ばせられるからだ。

取材した人の中には、とんでもなく大きな成功を遂げた人も何人もいた。有名起業家しかりである。「何回、人生を送れるのか」というくらいの資産を持っている人もいた。それでも働き続け、自ら企業を大きく成長させ続けようという人がいるのは、そうすることでさらに世の中の役に立てる、という動機があるからではないか。

うまくいっている人ほどよく働く。起業家にしても、「会社内で誰よりも働いている」と語っていた人は少なくない。

単純に「仕事が楽しいから」と言えばそれまでだが、ではなぜ仕事が楽しいのか。

もっと世の中の役に立ちたいという思い。それが最も大きいからではないか。

その意味でも、お金を目的にして生きてしまうことの怖さを思う。

一生、遊んで暮らせるお金を目の前にしてしまったら、働くモチベーションはそこで絶えてしまうからだ。

お金を手にしても成長を目指し続けられるかどうかは、どこに人生のモチベーションを持っていくかが分ける。

孫正義さんは、なぜ挑戦し続けるのか

幸せとは何か。仕事で成功するとはどういうことか。何のために人は働くのか。

そんな疑問に対して大きな衝撃を受けた取材がある。日本を代表する起業家・孫正義さんと、彼の恩師である野田一夫さんとの対談取材である。

野田さんは、孫さんがソフトバンクを立ち上げたばかりの頃からさまざまにサポートしてきた人物。この取材ではなぜ孫さんがこれほどの起業家になったのか、その一端を垣間見ることができた。

キーワードは**「夢と志の違い」**である。孫さんの言葉を引用する。


「これまでいろいろな場で「人生のテーマを何か書いてほしい」と言われて、僕が唯一書くのは、〝志高く〟の一行です。この〝志〟という言葉の意味を教えてくださったのが、野田先生でした。僕と南部さんのふたりが先生のオフィスにいた時、先生から「孫君、南

部君。君たちは〝志〟という言葉の意味を知っているか」と聞かれたんです。「なんとなくわかります」と答えると、「では、〝志〟と〝夢〟の違いはわかるか」と。（中略）今でも、はっきり覚えています。〝志〟と〝夢〟の違いを聞かれてドキッとしました。似ているようだけれど何だろう、と頭にクエスチョンマークが浮かんで。先生はおっしゃいました。「〝夢〟というのは漠然とした個人の願望。車を買いたい、家を持ちたいといった夢はみんな、個々人の未来への願望。でも、その個々人の願望を遥かに超えて、多くの人々の夢、多くの人々の願望をかなえてやろうじゃないかという気概を〝志〟というんだ。」（幻冬舎「GOETHE」２０１０年５月号）

どうして孫さんがこれほどの起業家になったか。

それは大きな志があったからに他ならない。

「自分のために働くな、広く世の中のために働け」ということである。

多くの人が、ぼんやりとであっても、夢や目標は持っている。しかし、それは多くの場合、個人の夢や目標である。それをどのくらい外に向けられるか。

幸せになる技術 38

夢より大きな〝志〟を持つ

最近では、多くの企業が理念やミッション、ビジョンに注目し始めている。これこそまさに「志」だろう。お金儲けだけでは、もはや人や組織は動かない。大きな力を発揮する「志」が必要なのだ。それは個人も同じである。

「志」を持って行動し、その結果として得られるものは、とても大きな幸せ感を生む。なぜなら、より多くの人の役に立てるからである。

幸せな人は、

「自分は生かされている」と考える

経営者、科学者、スポーツ選手、作家、俳優など、たくさんの突き抜けた人たちに取材をしてきたが、こんな質問を投げかけていた時期がある。

「どうして、こんなに頑張れるのですか？」

十分に結果を出しているのになぜまだ頑張れるのか。なぜ努力ができるのか。こう言う人が少なくなかった。

「これが役割だと思っているから」

ある経営者は、こんな言葉で表現してくれた。

「生きているんじゃなくて、生かされているんじゃないかと思うんです」

うまくいく人たちにインタビューして、この印象を感じたことは少なくない。肩に力が入っていないのだ。極めて自然体。そしていろいろなことを受け入れてしまう。うれしいことも、辛いことも、悲しいことも、運命だと受け入れてしまう。今を肯定するのだ。

「起きていることにはすべて意味がある」と語った人も少なくなかった。良いことも悪いことも、すべてひっくるめて受け入れてしまうのだ。

ある経営者は**「世の中で何かの役割を果たすために、この世に送り出された。ならば、その役割を果たすことを考えればいいのではないか」**と言っていた。

自分に与えられた役割を見つけてみよう。そして、見つけたなら全力を尽くそう。そう気づいたことで、自分はどう生きるべきか、悩み考えていた肩の荷がすっかり下りたと。

人にはそれぞれ役割がある。与えられた役割で最善を尽くせばいい。今の自分を受け入れ、今の自分にできることをする。「与えられた役割で生きていこう」と考える。

これが、自分の生まれた意味なのだ。それも幸せに近づくヒントだと感じた。

自分の役割を意識する

私には12歳でこの世を去った甥っ子がいる。小野拓真くんという、人なつっこい笑顔でいつも迎えてくれた男の子だった。中学校の真新しい制服に身を包んだ遺影を今もよく覚えている。亡くなったとき、早逝は果たして不幸かと考えた。たしかに悲しい出来事だ。本人も、もっと生きたかったかもしれない。だが、彼が短い生涯の中で残してくれたものが間違いなくあった。

病気になりながら、一生懸命に生き抜いた姿を鮮明に記憶している。苦しい治療にも必死に耐えた。やせ細っていく中でも、彼は懸命に命の火を燃やしていた。そんな姿を見ていたからこそ、毎日毎日、一瞬一瞬の大切さを改めて思った。平凡な日常の大切さを思った。彼のためにも頑張らないといけないと思った。

命日近くには今も親族が集まる。彼のおかげでその場が設けられるのだ。みんなの近況がわかる。祖父母は孫に会える。これも彼が作ってくれたありがたい機会である。彼が残してくれた大きな大きなプレゼントだ。

葬儀では、大変な数の人たちから見送られた。300人を超える同級生たちは、みんな泣いていたのを覚えている。誰もが彼の死を惜しんでいた。惜しまれ、惜しまれ、大勢に見送られてこの世を去っていく。そして、多くの人の記憶にその姿を留めていく。彼の人生には間違いなく意味があった。

私が取材をした人たちの中には、**「家族や親友を亡くしたことが転機になった」**と語る人もいた。「亡くなった兄のぶんも生きなければいけないと思った」と語った起業家がいた。どうしてここまで頑張れるのか、という私の質問に、「こんなことはあまり話したことはないのだけれど」と言いながら教えてくれた。

「親友の死が転機になった」と語った大学教授がいた。20代でこの世を去った親友を思うと、もう何も怖いものはなくなったと。死ぬことを考えれば、どんなことだってできる。思い切って生きていかなくてどうするんだ、と。

亡くなった人たちは役割を果たしていったのだ。早くに亡くなったことは残念ではあるけれど、その存在には間違いなく大きな意味があった。それをどう生かすかは残された人間次第である。

自分の役割をはっきり自覚できる人もいるし、できない人もいる。ただ、意識できたほうがいい。

私は20代、その役割を自覚できなかった。だからさまよい傷ついた。「もうこれでいい、これが自分の役割だ」と開き直ったフリーランス以降、人生は大きく変わった。

「誰がどう思おうと、周囲からどう見られようと、これで生きていくんだ。これが自分の役割なんだ」と思えるようになって、心はずいぶんラクになった。

先のことはわからない。ただ何が起きても、それが自分に課せられた運命なのだと思うことにしている。一喜一憂したり、落ち込んだりしている時間はあまりにもったいない。

幸せになる技術 39

自分に課せられた役割を考える

幸せな人は、

自分が「すでに幸せだ」と知っている

成功している人やうまくいっている人たちにインタビューして、私自身の幸せのハードルは大きく下がった。

実は自分が十分に幸せだと、私は取材の過程で教えられたからだ。

ある元大学教授の書籍のお手伝いをした後、食事の場で聞いた話は今も忘れられない。

当時、彼は83歳。いくつかの話をした後に、おもむろに私にこう聞いてきた。

「上阪くん、君は新聞を読んでいるか」

「はい」

「何を読んでいるんだ？」

「××新聞です」

「そうか。どんなページから読む？」

「1面から読みます。経済面もしっかり読みます」

「そうか」

驚くべき話が出て来たのは、ここからだった。

「僕は、三面記事から読むんだ。そこには、誰々が交通事故に遭って死んだとか、誰々が事件に巻き込まれたとか、小さな記事が載っているだろう。あれだよ。どうしてか、わかるか。ここにいつなんどき自分の名前が出るかわからない。それを覚悟しておくためだ」

自分の名前ばかりではない。家族の名前がそこに出るかもしれない。そう思いながら、死亡記事を確認していくという。

「**大事なことは、『明日がある保証は誰にもない』ということだ。**今日これから帰り道で事故に遭って死ぬかもしれない。人間の一生など、そんなものなんだ。だから今日を、今を一生懸命に生きないといけない。今日を精一杯、生きないといけない。君はその覚悟で今日を生きているか。明日を生きようとしているか。どうだ？」

私は大きな衝撃を受けた。誰でも当たり前のように明日がやってくると思っている。しかし、その保証は実はまったくない。人生が今日で終わってしまう可能性は誰にでもある。だとしたらどうすべきか。どんなふうに生きていくべきか。

いつか幸せになればいい、などと考えている場合ではない。いつ何時、何が起こるかわからない。何で命を落とすかわからない。実は生きているだけで十分に幸運なのである。

幸せだと思っているから、結果が出る

日本では、「幸せは目指すもの」というイメージがある。しかし、うまくいっている人たち、幸せな空気を醸し出している人たちから受け取った私の印象は、そうではなかった。**「幸せというのは、そこにあるもの」**というイメージだった。

「目指すもの」と考えた瞬間に、それは遠いところにあってわざわざ取りに行くもの、という発想になってしまう。あるいは、向こうからやってくるもの。空から降ってくるもの。

しかし、本当にそうなのか。実は幸せはすぐそこにあるものではないか。決して特別なものではないのではないか。たくさんのうまくいっている人に会って、私はその思いをど

んどん強くしていくことになった。

それこそ、日曜日に子どもと一緒に公園を散歩する瞬間。のんびりとリビングでコーヒーを飲んでいる瞬間。仕事に夢中になっている瞬間。

それも十分に幸せなのである。小さな平凡な日常が、実はとてつもなく幸せなことだったりする。

ところが、誰かが作った「答え」のようなものに左右されたり、「こうなりたい」という自分のイメージにとらわれすぎると、それを見失う。そうなっていない、こうなれていない、という否定が始まる。

幸せは本当にそんなに難しいものなのだろうか。「答え」に合っていないと、本当に幸せになれないのだろうか。ここで本書の冒頭に戻りたい。幸せとはどういうものか。そう、**「自分で決めるもの」**である。

大事なことは自分が納得することだ。これをやらないと永遠に幸せにはなれない。逆にこれさえわかっていれば、誰でも簡単に幸せは手に入る。

そして、この先について、つい最近モヤモヤがようやく言語化できた取材があった。

「結果・成果が出せていないから幸せではない」という声がよく聞こえる。しかし、うまくいっている人にたくさん取材をして、私はむしろ逆の印象を持ったのだ。

結果や成果が出ないから、幸せになれないのではない。実は、幸せな人たちが結果を出しているということだ。

自分は幸せだと自分で思っている人たちが、うまくいっているのである。**幸せだから結果が出せるのだ。**順番が逆なのである。

実際、幸せそうでない人に、さて幸運は舞い込むだろうか。幸せそうでない人に、大きな結果が出そうだろうか。幸せそうにしているからこそ、幸運は舞い込み、大きな結果もついてくるのではないか。

ならば、**幸せになったほうがいい。幸せそうになったほうがいい。**それは自分でできる。なぜなら自分で決められるのだから。そのためにも、今をきちんと見つめることが大切なのだ。今の幸せに気づくことが必要になるのだ。

自分の幸せに気づけた瞬間から、人生は変わり始める。私がフリーランスになって人生が一変したように。

向上心は持ちながらも「これでいいんだ」と認める。自分の役割を意識し、できることに最善を尽くす。運を信じ、毎日を大切にし、楽しむ。幸せな瞬間を自覚する。そうすることで、間違いなく日々は変わっていく。

私はそう考えている。

幸せになる技術 40

今の自分が幸せであると気づく

おわりに

私の父・上阪哲郎は、戦前の尋常《じんじょう》小学校卒だった。

昭和4年生まれだが、どういう事情でこの最終学歴になったのか、くわしいことは知らない。おそらく経済的事情が大きかったのだろう。だが終生、父は自らが小学校卒であることを誇りにしていた。

実のところ、ものすごく頭のいい人だった。私は大学まで出してもらったが、例えば歴史に関することなど、私などよりもはるかに博識だった。一緒に京都や奈良に行こうものなら、お寺や神社についての説明が途絶えることはなかった。

戦後、自衛隊の前身である警察予備隊ができ、入隊するまでは祖父の農業を手伝っていたと聞いている。当時、予備隊への入隊はかなりの狭き門で、本人はそのままいたい気持ちもあったようだが、長男、次男が家を出たこともあり、三男の父が故郷に戻って家を継いだ。

戻ってからは、料亭で板前の修業のようなことをしていたらしい。その後、公立病院で病院食を作る仕事に就き、定年まで勤め上げた。

とにかくよく働く人だった。父が休んでいる姿は記憶にない。農業を愛し、早朝から田畑に出かけ、仕事から戻った後もまた出ていった。

夜、真っ暗になるまで戻ってこなかった。月が明るければ仕事をしてしまうのである。冬になれば切り株や竹を削って、床の間に飾るものを作ったりしていた。一生懸命に作ったものが家にはほとんどなかったことを考えると、他の人にあげていたのだと思う。

菩提寺《ぼだいじ》とは別に、子どもの頃から出入りしていたお寺があり、私も6歳から通っている。菩提寺でもこのお寺でも、草刈りをしたり池をさらったり、とにかく尽くしていた。自分のために時間を使うことはなかった。

家には来客が多かった。しかも、病院の事務方のネクタイをした人がよくやってきていた。おそらく偉い人たちだったのだろう。仏壇の前には、夏になるとお中元が、冬にはお歳暮が山のように積まれた。

利他の人だった。父が多くの人に慕われ、尊敬されていることは子どもも心によくわかった。学歴も、社会的成功もなかったのに、である。

画一的な価値観への疑問、世間でいうぼんやりとした成功観への違和感について私がとても敏感になれたのは、父の影響があったのは間違いない。そうした価値観とはまるっきり反対の生き方を父は貫いていたから。父自身、苦労はしながらも、とても幸せそうに生きていた。

世の中の価値観について、父はまったく関心を示さなかった。どんな肩書きであろうと、どんな学歴であろうと一切気にしなかった。権力にも関心を示さなかった。私の大学進学についてもコメントは一切なかった。合格を告げたとき「そうか」と一言つぶやいたのみ。「そんなものは人生を生き抜いていく上ではなんの関係もない」とでも言いたげに。

残念ながら67歳でこの世を去ってしまったが、父は素晴らしい人生を送ったと思っている。多くの人にその人生を称賛され、惜しまれながら逝《い》った。

葬儀には、大変な数の方々が来てくださった。僧侶が号泣していた姿を私は以後も見たことがない。

「成功だったかどうか」などという基軸で、私は父の人生を測りたくない。誰かに測られたくもない。少なくとも私の家族を含め、父を知る人たちは、その人生の大きな価値を知っている。今でも私は、世界の誰よりも父を尊敬している。

私は父の意に沿う人生を送れなかった。本来なら家を継がなければならなかった私は、今なお東京で仕事をしている。

ただ、今になって思うのは、父は無理矢理にでも私を故郷に連れ帰ることができなくはなかったことである。怒鳴りつけ、引きずってでも戻す方法もあった。しかし父はそれをしなかった。

私の「役割」を最後は認めてくれた。この親不孝者を、天国から見守ってくれていると私は信じている。父のためにも、私は懸命に生きなければいけない。世の中に何ができるのかを、問い続けなければいけない。

最後になったが、本書の制作にあたっては、きずな出版の澤有一良さんに感謝申し上げたい。企画をまとめあげるにあたり、さまざまに力になっていただいた。

　また、私の考えは、３０００人以上の方々への取材に着想を得ている。貴重なお時間をいただき、インタビューさせていただいた方々にこの場を借りて感謝申し上げたい。一部の方々については、出典元を挙げてお名前を記させていただいている。

　多くの方の幸せに、本書が少しでもお役に立てたら幸いである。

２０１９年11月　上阪　徹

本書で登場する資料一覧

【書籍・雑誌】

『「カタリバ」という授業――社会起業家と学生が生み出す"つながりづくり"の場としくみ』（上阪徹／英治出版）

『プロ論。』（B-ing編集部／徳間書店）

『プロ論。２』（B-ing編集部／徳間書店）

『プロ論。３』（B-ing編集部／徳間書店）

『我らクレイジー☆エンジニア主義　日本の技術を支える常識やぶりの男たち』（リクナビNEXT Tech総研講談社／KADOKAWA）

『ノルウェイの森』（村上春樹／講談社）

『外資系トップの仕事力―経営プロフェッショナルはいかに自分を磨いたか』（ISSコンサルティング／ダイヤモンド社）

『外資系トップの仕事力Ⅱ―経営プロフェッショナルはいかに自分を高めたか』（ISSコンサルティング／ダイヤモンド社）

『印象はしゃべらなくても操作できる』（小暮桂子／サンマーク出版）

『拓巳流　人生の掟』（山崎拓巳／ヒカルランド）

『理念と経営』2019年８月号（コスモ教育出版）

『週刊現代』2013年１月19日号（講談社）

『GOETHE』2010年５月号（幻冬舎）

【WEBサイト】

『香取慎吾×西田尚美インタビュー』大変なことは避けられない。だったら面白がったほうがいい！
https://next.rikunabi.com/journal/20190625_p01/

『企業TOPが語る「仕事とは？」』vol.12　京セラ株式会社　名誉会長　稲盛和夫
https://journal.rikunabi.com/work/topproject/topproject_vol12.html

『サイバーエージェント「藤田代表「が実践した「採用・育成・活性化」の裏側～PART1
https://inouz.jp/times/bvc2018-session-fujita1/

『仕事がうまくいく人の20代は何が違うのか？「ユーグレナ出雲社長「に聞く」
https://next.rikunabi.com/journal/20190128_p01/

『講演依頼.com スペシャルインタビュー vol.76 沢松奈生子 元プロテニスプレーヤー 夢と目標は別々に持つ。だから、頑張れる
https://www.kouenirai.com/kakeru/magazine/ma_interview/14024

上阪 徹（うえさか・とおる）

1966年、兵庫県生まれ。早稲田大学商学部卒。ワールド、リクルート・グループなどを経て、94年よりフリーランスとして独立。幅広く執筆やインタビューを手がけ、これまでに取材してきた著名人は3000人を超える。ブックライターとしてもこれまでに80冊以上の書籍を執筆。40万部を突破した『プロ論。』シリーズなど、携わった書籍の累計売上は200万部を超える。

2011年より宣伝会議「編集・ライター養成講座」講師。2013年、「上坂徹のブックライター塾」を開講。

『職業、ブックライター。毎月1冊10万字書く私の方法』（講談社）、『書いて生きていく　プロ文章論』（ミシマ社）、『10倍速く書ける　超スピード文章術』（ダイヤモンド社）、『JALの心づかい』（河出書房新社）、『マイクロソフト　再始動する最強企業』（ダイヤモンド社）など著書多数。

人生で一番大切なのに誰も教えてくれない

幸せになる技術

2020年1月1日　　第1刷発行

著者　上阪徹
発行人　櫻井秀勲
発行所　きずな出版
東京都新宿区白銀町1-13　〒162-0816
電話03-3260-0391　振替00160-2-633551
http://www.kizuna-pub.jp

印刷・製本　モリモト印刷

ISBN978-4-86663-097-7

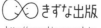